岩 波 文 庫

33-587-1

堀口捨己建築論集

藤 岡 洋 保 編

岩 波 書 店

目　次

本書では読みやすさを考慮して現代仮名遣いを採用し、適宜原文の漢字を新字体に改め、またひらがなに換えてある。本文中には今日通用する文字遣いと異なる語句も見られるが、あえて原文のままとしている箇所がある。なお、本文中の〔　〕で括った語句は編者による補足である。

堀口捨己建築論集

設計者の感想

建築の非都市的なものについて

はしがき

この小住居紫烟荘は近代的建築として知的な論理的な見方に対するものとしては最も不適当な建築であろう。それは始めから情に溢れた静かな田園樹林の間に仮の住い家として、蕨駅在に「早蕨の紫の烟の如き」から名をとって、草の屋根で木の柱で、土の壁で企てられ建築されたものである。これは構えない心を以て対さなければ恐らくは何等見るものを発見しないであろう。これは現代の重大な社会問題である住居政策の如き、あるいは住宅の都市計画的改善の如き問題とは、何等交渉する所ない建築であるであろう。これはまたあるいは近代の建築が鉄やコンクリートやガラスを主材料として構造にも空間表現においても進化発展して来て、問題の中心がそれらを如何に取扱うかにある間、消極的な存在に過ぎないであろう。

かくの如き見方からは、恐らくは多くの的はずれた心使いや要らざるあるいは当を得ない努力や時には非難にも価するものがあるかも知れないが、それらの多くはあまりに都市的な見方に失するのであって、この場合には直には肯えないであろう。かくの如き都市的な見方が、現代が都市を離れて存しない意味で現代的であるにしても、今現に田園的生活の要求が盛んであるし、それが単なる都市的なるものの反動のみより生じたとは考えられないで、そこには人間的な当然な根拠があるように思う。そしてそこから非都市的な建築の存在が認められて、それ等が現代としても当然に受くべき充分なる価値を持っているに相違ないことが考えられる。

これをかくの如き非都市的な建築の一つの試みと見ようとするならば、前の都市的な見方からの非難も意味を転倒して来るであろう。またかくの如き対立した両極からでなくて、単なる住居という意味において一般的な共通の諸点が非常に多いであろう。かくの如き共通な点でかくの如き建築も現代に何か答える所があるかも知れない。しかし実物に表わされている限りにおいて見らるべきそれらの点を、ここに今私自ら述べる必要はないであろう。ただここでは、一般な問題としての建築の非都市的な一面を考えてみるに止めよう。

×

近代の問題は建築に限らず総て都市と関連し都市的解釈のみ専心にしているために、我々の原始的にして端的にあらわれる欲求や、本然的な性向までも、ややもすれば都市生活という特種な、そして今なお不完全な、人為的な時には病的な見地から、あまりに歪められて考えられている場合が多い。

田園というものの如きも都市の郊外か、あるいは都市の植民地である田園都市としてのみ関心を持ち、あるいはまた山村僻地も国立公園とか、都市用の水原地とか、発電所とかあるいは燃料木材等の供給地としてのみその存在を考察している。これは一面において科学的な都市計画の思想のその限界を出来得る限り拡張した現代的な偉大な誇るべきまた意義ある傾向として考えられないこともない。しかし田園とか農村とか、山村とかの生活を、都会的な多くの制約から表われた人為的習慣や、便宜や、打算や、流行的な態度で常に律しようとすることは決して妥当なことではない。時には不可能でもある。

田園は要するに田園であって、その還境の総ての風物が非都市的な原始的な自然な発展である。そのために我々のそこにおける生活もあるいは欲求もがおのずから人為的な刺戟の少ない和やかな本然に近い姿であらわれずにはいない。そこでは生活というものが、樹上巣や穴居とあまり変わりない生活の本質的な欲求を自然のままに満たす事が出来るであろう。科学的な便利や工業的な経済を出来るだけ利用しつつもなお原始的に日光や空気や植物や動物やその他の自然風物に調和した生活が出来るであろう。

実際田園では家とは何であるかから始めることが出来る。また住居とは如何なる要求に応じて、何を以て、如何にして作られたから始めることが出来るであろう。

しかるに近代の科学と工場的産業からあらわれた多角な騒擾な都市生活は、必要以上な競争的興奮と疲労とを課して、官能的な末梢的な強い刺戟の多いあわただしさ、いらいらした繁雑さであって、その個々の生活の集積した一大都市の生活はその和よりも一層加速度的に拡大されて、住宅とは何か、どうした要求から作られたかを、自然のままに考える暇なくまず多数の当面火急の問題に包囲されてしまうのである。我々の生活的本能の妥当な充足のための諸種の設備は、我々の地上の一個の人間から出発しないで、集団的な人為的な人間生活上の諸種の約束から出発して、人工的に誇張された経済的な制約の極端なる陰影の下に計画されるのである。

田園であっても勿論それらの制約から全く解放されるのではないが、ただ環境が静かで、日光や空気に対して充分に余裕があるために出発点が一個の人間から始められる可能性がある。すなわち住家は雨露を防ぐために、休息のために、睡眠のために、食事のために、分娩のために、育児のために、保養のために、等々の人間的な欲求があるがままに充たされるための設備として考えられるのである。そこに生ずる住宅は、眠る家、休む家、養う家、育む家である。地上的な原始的な静けさ、朗さ、円やかさで、決して強さや硬さや高さ、鋭さ速さ等ではないであろう。土から離れ難い人間の情性の端的な表われである木や草や土で、鉄やコンクリートやガラスではないであろう。阿佐比能比伝流《アサヒノヒテル》、由布比能比賀気能《ユフヒノヒガケル》、多気能泥能泥陀流《タケノネノネダル》、許能泥能泥婆布《コノネノネバフ》、夜本《ヤホ》爾余志《ニヨシ》の住まいである。例えば電気やガスに馴らされた都会から、偶に郊外に出て林の中の焚火に出会う時、煙が樹間にこもり、赤い焔が木の葉の香と共に昇るのを見て、思わず喜ばしい美しさに心躍ることがある。この原始的な驚きを持った喜びは決して都会では得られないもので、かくの如き喜びを以て自然な環境に包まれて生活する家なのである。

そうした生活を充たす家がまたそうした生活と調和した家が、最も都市的なものに対して最も非都市的なものの対立が考えられるその非都市的なものの最もよき一面を代表するものである。前にも述べた如く勿論電気やガスやその他諸種の近代的な機械的な便利は利用されるであろう。それらの利用とかくの如き生活とが実際に矛盾するとは考えられないから。そうした便利や経済を全然排しなければ田園の自然と調和は出来難いという思想も勿論充分に思弁的な根拠を持っているが、しかしそれは現代に行われるにしてはあまりに物好きな遊戯か、あるいは世を捨てたあるいは世にすねたあるいは特種なその如き興味を利用する物ぐさな生活として今ここに考える必要はないであろう。今はただ現代人の現代の価値多い田園生活を考えれば宜いであろう。

一般に家庭が誕生、生育等の部分が重要な大部分を占める限りは子供という大ロマンチストと共に浪漫性を帯《は》んで来るのは自然の勢である。また家庭というものが睡眠休息等が要求の第一の事実である以上そこには眠りや憩いと共に希望や懐古が分かち難い心情となって非現実的なまた時には抒情的な雰囲気が生ずるのも自然の勢である。そこに老養とか保養とかいう生活があればなおさらである。これは少なくとも近代文明の齎らした都市主義が、我々の生活全般を、その集合生活のゆえに意志的に理智的に計画するために一層人為的に規格統一的に、機械化し、科学化し、極限としては人造人間的生活化しようとする傾向と反対の感情を、単なる反動としてでなく本質的な傾向として、多くの人々に持たせる。そのために単に吾々の生活が科学的に保証され、温度通風等の調節が適当であり、都市的なあらゆる便利や美があったとしても、その生活よりより科学的に不完全な不便な、原始的な、素朴な、自然な田園生活を恋うる心情は止み難い否定し難いものである。これは新しい文化の意義とその価値とを理解する能わざるゆえではない。また新しい調和や新しい美に対する感覚を有ち合わせないためでもない。習慣の改変のために生ずる旧套な安逸を乱される田舎者の不安のためでもない。要するにこれは総ての不可避の地上的な法則に従う性情が人間の心の中に深く宿り、自然愛慕の浪漫性をつくり出すのである。

この浪漫性は時には最も簡単に粗野に都会的なものの反感のゆえに単なる山家風に、あるいは百姓風にあらわれることもあるであろう。あるいは古風なるがゆえに、昔誰々が好んだがゆえにという骨董的な老人の好み癖と合して数寄屋風とか茶風とかとなってあらわれることもあるであろう。あるいは近代の彫刻や絵画やその他のあらゆる造形美術に生じた原始民族や野蛮人の風を取り入れた流行的趣味と一緒になってあらわれることもあるであろう。それらは要するに都会的な新しさのゆえにあるいはこの頃の流行なるがゆえに、その価値の如何を考えることなく迎合する軽薄なるシャレ者の趣味と同じく、建築となってはかの刺戟多くしてしかも薄ペラないわゆる文化住宅の如きと同じくあまりに価値あるものではない。しかしこの浪漫性が田園の住宅となって、近代的な衛生設備やその他工業的に作られた便利を充分に取り入れて、近代生活の種々なる形式と相当に調和して、時代錯誤に陥らない妥当な手法と材料とであらわれるならば、それが近代的の中心である都市的でないがゆえに注意をひかないにしても、充分に現代に意義あるものの一つとなるであろう。

×

欧洲において「自然に還れ」の言葉はすでに久しいものであるが、しかし今述べた如き意味で注意をひく非都市的なものが作られ出したのは、ここ十年を出でない。かつてルイ十五世のためにベルサイユにおいて小トリアノン宮が造営されたとき、ルーソーの「村の卜者」の影響からといわれている草屋根の家が Mique 及び H. Robert によって建てられたのも、そこでマリーアントアネットが女官等と自ら牛乳をしぼったと伝えられているのもすでに一世紀余を越えているが、それもフランスにおいては異国情緒に過ぎない英国風な農家の写しに過ぎない。

現代においてはこの非都市的な傾向は住宅建築においてかなりに多く見ることが出来る。そのうち最も非都市的材料である草の屋根の建築について考えてみてもその数は少なくない。オランダにおけるベルヘンのパークメールウクの住宅群や、ハーグの近くワッセナールにおける住宅など、建築家としてはJ. F. Staal, P. L. Kramer, G. J. Rutgers, Co. Brandes等で代表されるであろうが、近代的な感覚を充分に持った新しい優れたものであるし、大規模で美しい点で注目をひくウイン在のウィンケルスドルフのJosef Hoffman設計のプリマベスト邸やあるいは、英国におけるOliver Hill設計のデボン海岸における、あるいはサッセックスにおける住宅等、それは古い伝統により過ぎているきらいがあるが、近頃出来たものとして充分に注意をひく代表的なものである。オランダのものについては拙著『現代オランダ建築』(一九二四年、岩波書店刊)で述べたからここでは略そう。プリマベスト邸は茅屋根の急勾配な重い屋根に太い木材の柱列がファサードを作っていて厚い板の校合倉風に横に走る線が柱列と強い対立をしている。柱列はどことなく古典風のオーダーを思わせる。しかし室内は全然近代風で調度も総て同じくHoffman氏の設計であってこの種のものの最も見るべきものであるが、先年焼失した。デボン海岸におけるものは英国のこの種の総てがそうであるように非常に農民風な古い伝統を思わせる。その屋根の格構や特に石で積まれた入口の迫持などは新しい試みであるが、室内などは英国の古風な半木造の室内そのままである。これは漆喰壁と石と木の皮とが不思議な壁面を作っている所が殊に注意をひく。サッセックスにおけるものは住む人の好みによってと設計者の断り書きがあるが甚しく農家の再現的手法が目立つが、まとまった優れたものである。この他シングルやスレートやあるいは瓦であるいはまた南方風の陸屋根で近代的な表現を持った非都市的なものの試みは所々に見られる。ブタペストの E. Wigand や故 Béla Lajtá、プラーハの故 Jan Kotera、ドイツの Muthesius またはアメリカの F. L. Wright のある作品の如きはその例として第一に上げられるべきものであろう。

×

非都市的な建築は我国においては都市的なるものに何等見るべきものがないのに比して非常に優れた精練された徹底した伝統を作り上げている。その中で最も注意をひくものは茶室建築であろう。これはその代表的なもの、例えば京都裏千家の又隠、桂の宮の八ツ窓の茶席等を見るとき今さらに驚きと敬意とを以て注視せずにはいられないものである。それは長く相続された伝統であるために、注意するのでなく、利休や宗旦や遠州が好んだゆえに敬意を持つのでもなくて、そこに表われた優れた建築的イデアや手法のためである。それは単に田園的なもののみでなく総ての建築にも充分な示唆を提供するものがあることを思うがゆえである。

茶室においていう「わび」とか「さび」とかは前に述べた住宅的な浪漫性の仏教的哲学に色づけられ、仏教的人生観に浸たされて、表われ来たものであるように思われる。「わび」や「さび」の持つ世界は木や草や土やの自然そのままの材料で、最も自然的に、象徴的に表現される世界である。人為的なもの、例えば釉かけの美しい陶器や、金襴の古裂等の好んで使われるのも「わび」の世界の自然を破らない程度に小部分に、しかも「わび」の自然をその人為的なものによって一層対立することによって強調するコントラプンクトとして重宝されるのである。その空間的表現においても山村の濺家や、農家の中に発見される手法と材料を芸術的に変質されているが、そのままに使わんとしている。山村の濺家や農家は建築としての発生的なものである。それは勿論樹上巣や穴居やないしは天地根元造とは非常に進んだもので幾らかは時代性もあるであろうが、そこにはあらゆるものが必用なるがためにのみ存在するのであって、たとえいくらかの意志的な表現があるにしても、自然人としての自然的な発動に過ぎない自然そのものの一つである家なのである。その材料でもただ生産的に作られたものでなくて、自然にそこら辺にありふれたそして安価なあるいはただで得る材料である。その技巧にしても技術的な専門性を帯びないで、直観的な手段で非機械的にあるいは伝統的に習慣となった方法で、無批判に表われる。こうした材料や技巧で表現される世界は鳥の巣や、獣の穴に表われるのとかわりない自然な世界である。「さび」や「わび」はこの材料とこの技巧とを基として機能を充たすと同時にその僅少な素材で、最も深く考察し、用意された単純な造形的な言葉で「悟り」の内面的深さを自然に表わそうとする表現である。そこには饒舌や露骨は最も排斥されるであろう。また不安や激情も否定されて、鋭さや強さも静かな落ち着きであるいはまろやかな安らかさで包むことによってのみ肯定されるのである。これは外形的に素朴な原始性を帯んでいても、かの内面的に激しい過剰な精神的跳躍をするゴチックの如き表現でない。また客観的に精美を尽くし端麗な調和をはかろうとするヘレネのクラシックの如きものでない。簡素であって材料的には一種の奇矯にまで見える原始性を帯ぶ所はかのゴチックの形式にも似ている所があるであろう。しかし内面的に安らかな悟りの深さを以てしかも端正にまで精練された静けさはむしろかの年代によって色褪せたヘレネのクラシック芸術にも近いであろう。しかし空間的に狭く低く、表現的テーマには否定に近いまでに単純で、しかも材料的には野生のあるがままの不思議な自然を使用し、そしてそこに内的に、悠揚せまらない大きさの内に自然と感情とを入れて、深く透徹した鋭い広い世界観を表象しているのは比類のない建築構成である。

しかしこうした建築的技巧の大部分は全く都市とは相容れないものであるであろう。しかし我々の住宅的表現としては非常に高い美と必要な技巧とを多分に有していると思う。しかしそれらに使用される材料が自然そのままの面白さを利用するためにかえって普遍的でなくその偶然な特種となって、得るに困難であり、またそれの工作方法が材料の特種な形や表面的感覚に非計画的に応じられた臨機の非常な精細な努力なしには、その美を得られないことを思う時、すでに過去の手工芸的な芸術であることを思うのである。材料を集めるに特種な、そして偶然な、その上にその設計も特種な材料に応じ非計画的で、工作において時には材料集輯者であり設計者である者が自ら手を下して処理しなければ目的を達しないという如き建築は、総てが善悪は別として工業的に、機械的になった近代的な傾向とは相容れないに相違ない。それはまた非都市的な建築として面白い一面となるであろうが、しかしそれを敢えてすることは在来の如き規模の小さな特種なもの以上には出で難いしまた材料や工作労力が都市的ならざるを得ない現代には結局時代錯誤以上にはならないであろう。けれども自分はこの比類のない美もその材料及び特種な技巧とを離れて抽象的に考察するとき如何に現代に示唆する所多いかを思うのである。

現代の建築界に表われた新しい傾向である飛行機や自動車や汽船、あるいは諸種の機械等の持つ単に目的を充たすためにとられた純粋な構造的意志の下で技術的に遂行された形態の中に、今まで知らなかった美的なるもの(Ästhetisches)の発見を、表現的に芸術(Künstlerisches)にまで変質しようとする運動や、またアカデミックな二元的見方を排して、建築を総ての造形行為の最終目的であるとなし、総ての芸術的創作絵画も彫刻も工芸をも一体に綜合し総ての工芸家的教養を引き離し難い要素として、一つの新しい建築芸術にまでさらに結合しようとする統一芸術(Einheitskunstwerk)、大建築(Der grosse Bau)の思想は、最も著しいものであるが、前者の思想から出た表現や、後者の思想の実行が、よい意味において、「わび」や「さび」の建築の中に表現され、充分に考察され、仕遂げられていることを発見する。勿論旧い伝統であるために目新しく注意をひかないであろうが、かの茶室の水屋などを見るとき、最も実用的に整理工夫され、しかも端然とした美しい調和と変化とを示す充分にたかめられた建築の表現は、機能と表現との一元的な完成である。また茶室の中の到る所に表われている今までの長い造形美術の発達生長の間に無意味に増加された装飾や意義ない美化の慣用手段を敢然と否定した純粋な空間構成や、何物もなきが如き平坦にしてしかも深い美的表現やは、かの飛行機や自動車、あるいは機械の表面に表われた美しさを建築の中に取り入れた単純に端的に看る者の目をひく新しさとは、外面的にその単純な点で、やや相似た所があるが、しかもそれの如く単なる表現のためでなくて、一元的に機能を充たすために表われた表現であって、造形的に遥かに高く評価されなければならないものである。また絵画や彫刻は勿論、陶器や金工や機織等々のあらゆる造形的芸術工芸を使用し、味や香等までも入れた一つの渾然たる生活的形式は、それを造形的に見るとき、かの統一芸術、大建築の思想を一層徹底的に大成した一面を確かに持っている。しかし一面には、統一芸術、大建築が建築の中に絵画や彫刻を一つのものとして綜合しようとするに反して、これは絵画や彫刻とから全く建築を独立させている。そして絵画や彫刻を生活の中に、鑑賞の生活の世界に、受け容れ調和させようとしている。そこにかの主智的な盛んな積極的な思想に反して仏教的なそして日本的な争わない静かな「さとり」の世界観がひそんでいるように見える。それは書画や彫刻等(置物)を一つの単なる室の装飾としてでなく鑑賞という生活に対する建築的設備、床の間において受容しているのである。そしてその設備を室に対する重要なる空間的構成として役立たせているのである。建築それ自身は元来絵画なり彫刻なりの存在の有無によって空虚になったり、充実したりするものでないであろう。勿論それを受け容れるものとしてその絵画なり彫刻なりの存在は一つの空間的重厚な一部分に相違ないし、その重厚な一部分を最初から予定に入れて作られた空間において、その部分の欠除は明らかに空虚に相違ないが、しかしあくまで絵画や彫刻と別に独立して存在し得るものである。建築は絵画や彫刻の助けなしに充分にその用途に応ずる立体あるいは平面の容量や質量や面や線や色や光で、その比例や布局や節奏で、空間的構成の美を表現し独立して存在し得るものである。

今まで何処の国において発達した建築もがこの独立性を充分に発展させることなくて、常に絵画や彫刻が一部分となり、それによって装飾されたるものとなって表われている。そのために、その絵画や彫刻は決して建築と独立して存在しないで相倚り相俟って綜合芸術として表現されているのである。そのために、絵画は常に同じ絵画で飾られ、一度取りつけられた彫刻は長くあるいは永久にそこに取りつけられて建築と終止しなければならない。簡単に取りはずしが出来る額となっても、室と絵画との関係は非常に微妙で、室が観照に耐え得るほどの美的価値を有するほどのものならば、しかく簡単に取り換えることは出来難くなって来る。日本においても寺院や宮殿においてはそういう風に発達して来た。しかし住宅においては寝殿造から武家屋敷となり書院造となり次第に建築だけが独立して来る傾向があって遂に茶室となって全く独立してしまったのである。そして絵画や彫刻なるものも独立して、一つの鑑賞という生活の中の存在となり、その鑑賞の生活に応ずる建築の設備、床の間の中に受容されるのである。鑑賞の生活は傑れた絵画であっても常住に目前に掲げることを規定する如き制約には堪えられない生活である。春や夏や秋や冬や、あるいは喜びに充ちた時や憂いに沈んだ時やその他種々なる還境によって、それぞれ色調や、様式や心持ちの異なった芸術を要求する生活である。

絵画や彫刻が、フレスコやモザイックや、ステインドグラスや、鏡板や人像柱やその他種々の所に使われることは一つの様式に相違ないが、住む家の如く時には儀容を整える事もあるかも知れないが、多くは休み、寛ぎの生活を入れる建築にあっては、茶室の床の間における如く、時々に、随時に、掛物を取り換える自由が欲しい。

床の間はこの自由を容れるのに造形的に非常な大きい意味を持っている。それは絵画が絵画であり、彫刻が彫刻である間はそれらは常に独立した表現の世界を有し、その世界に没入し沈潜し観照するためには現実の意識を容易に遮断する方法として、表装としての裂や額縁や、あるいは台が必要であるであろう。そしてその表装や、額縁や台は絵画や彫刻のために観賞の都合よきように作られるのであって、それを受け容れる建築のためにではない。建築にいくらか顧慮されるにしても、その絵画や彫刻は観照上の美的価値をのみ唯一に目的としたものであるがために、額縁や台はその観照を助けるために十全の手段を尽くして作られるべきである。そのためにその十全な手段の中に建築が関係する限りにおいてただ単に従属的に顧慮されるのみである。これと同じ考えを建築から出発するとき絵画や彫刻に対して遂に床の間となるのである。それは絵画に額縁がある如く室に対しての特種な空間で、そしてその内に入れる芸術品の自由なる世界を室から及ぼす影響から緩和させ独立せしめると同時に、その絵画から室に波及する空気を、その特種な空間で限るのである。ただその空間を越えてその余薫のみが室に及ぼして来る。そこにいくらか相反撥したりすることもあるであろうが、その度はその特種な空間のないのに比して幾十倍にも稀釈されているであろう。

現代の美術が純粋美術と称し、時には工芸美術と称するものまでも美術館芸術、展覧会芸術になって、我々の地上的な家と関連して生活から離れてしまっている上に、床の間を捨てた椅子式の現代の住宅が、現今のこの傾向に気をつけず、無分別に、それらの芸術品を家庭に入れるために、室と絵が、家と彫刻がその様式において没交渉で、時には矛盾し、その表現において時には相反撥し、互いに争うている蕪雑にして粗野な調和なき家庭を如何に多く見ることであろうか。

この床の間について、いわゆる純粋美術という思想から一つの抗議が起こされるかも知れない。在来床の間があったために絵画は掛物として、彫刻は物置としてのみ発達して、その大きさや形やその他に甚しく芸術の自由を制限され束縛されて、あの如く行き詰り堕落してしまったではないかと。しかしこの考えは床の間が床柱落掛という形式にあまり伝統化され、それに随ってその内に入れる掛物も伝統化し、あまりに様式化されたためであって、決して今までの如く狭い頑なな制限は特種な空間としての床の間そのもののゆえではない。ただあまりに骨董化された物臭さな思想に罪があるのみである。

しかしなおこの事について考えなければならぬことは我々の地上の生活を考えず、すなわち我々の家や室の大きさの単位というものを考えず、徒らに容量の大なるもの、あるいは刺戟の劇しいもの、あるいは作品として北の光線や天井照明の要求は特殊な場合の外は多く受け入れ得るものでなく、そこには必然にして当然な制限がある。その制限を芸術の純粋にして自由な一面を害《そこな》うと考える思想は、地上的な、人間的な経済的な制約を理解しないもので、生活から遊離した身の程知らずである。あるいはそれはお目出度な天上的 L'art Pour L'art の錯覚に過ぎないであろう。

次に在来の茶室の表現についてなお注意しなければならぬことの一、二について考えてみよう。それは第一に彼等茶室建築が絵画と彫刻から建築なるものを独立させたが、しかし絵画的なるもの、彫刻的なるものの要素なしに、建築的要素のみで建築が独立し得ることの発見をなお充分に理解しないために、知らず知らずの中に建築要素の純粋を害うマンネリズムに陥って来ていることである。それは材料の偶然的な自然の面白さにあまり囚われすぎるためである。利休や遠州の好みなるゆえの特殊な偶然の材料を求める追随者模倣者は別としてもなおある者は今まで植物や動物や、唐草や模様やないしは自由な絵画や彫刻を色ぬり彫り出した代わりに、自然的偶然の材料の面白さを以て代理させようとしている。これは造形美術を不具にするただ珍奇を好む性癖、意味をなさない伝統に囚われる骨董に過ぎない。前にも述べた理由の外にこの意味でも、ことさらに求められたかの歪《ねじ》りたるあるいは木目の文様じみた木材や、節の珍らしい竹や自然に形の面白い石材は、建築の表現を不純にする材料に過ぎず、普遍的な正しい価値を持たない特殊なものとして排さなければならない。

次になお建築の表現を不純にするものは建築的要素は表現の手段として自然的物象の再現を本質的に要求しないものであることを自覚しないために、しばしば山家や農家を模倣し再現し、その連想によって、建築的に不充分な表現の空虚を糊塗している場合である。この模倣及び再現はかの再現芸術における、大理石を以て人体を再現するが如きとは異《ちが》うかも知れない。これは同質のもので模倣と再現が行われているのである。あらわではないが要するにそれを通じて現実の他の物(山家や農家)を再現しているのである。そこには単なる位置感情である再認の快感があるのみである。その再現を出発として山村や農村の素朴な生活や美しい自然風物につながる連想の宜しさもそれはその建築によって起こされる一つの心理生活であるにしてもその建築に表現されている世界でないのである。建築の美的価値はその建築に表現される限りにおいてのみあるのであって、それの如き連想の美しさや宜しさは要するに建築の美しさ宜しさではない。茶室建築が山家や農家に得る所はその自然な材料を用途に随って構えない、たくまない技術で具象される美のイデエを学ぶべきであって、あそこやここのそのままの部分や一面ではないはずである。この態度はまた現代の建築が茶室その他にとる態度でなければならない。

茶室建築において使用される材料について考えてみるとき、また現代に生き残り得るそしてなお充分の魅力を有するものが多くある。かの歪《まが》った木や木目珍らしい板や、節の面白い竹や自然に調えられた石は前にも述べた如く、特殊な偶然なものとして今顧る必要はないが、かの好んで屋根に使用する藁や茅や柿《こけら》やあるいは土壁や錆壁や、敷瓦やあるいは半透明な太鼓張の戸などは愛せずにはいられない普遍的な材料である。

燃えやすい腐れやすい草、木、壊れやすい脆い土、破れやすい薄い紙等、恒久的でない材料が建築材料として使用されるのは、しかし自然の脅威や外敵侵入に備える守りとしての建築においては行われ難く、ただ安らかな静かな休息や楽しい穏やかな生長の自然に恵まれている家庭においてである。それは決して都市的でない。平和な田園においてのみ可能である。が如何に田園であっても家を作ることそのこと自身が種々な物に対する防御が根本的な動機であるはずである。この根本的な動機を現代においては充分に諸種の材料が自由で、他のもので、より経済的に、より耐久的に、満たされるにかかわらずなおそれ等の材料は愛せずにはおれないものである。それは草や木や土が自然に生い立ち存していた自然風影としての印象が美しい幻覚をもたらすためではない。あるいは草の屋根、木の柱、土の壁の原始生活者の家や、百姓の家の持つ素朴な感じにひかれるためでもない。その材料それ自身がもつ性質である。それ等は還境たる自然とそれだけで融合し調和するし、またそれ自身柔らかで、刺戟なく、特に厚い茅の屋根の如く多くの気孔の重なったものの円やかなふくよかさは、何物にも換え難い感じで、なお近代的な感覚にも例えばビロードの持つ如き不思議なファクトラを与える所に愛着がある。草屋根が冬暖かで夏涼しいという理由で建築の屋根材料としていいという事などは一つの理由にならないことはないがなお弁解に過ぎない。その火災に対する危険を考える時、それらの利益は、瓦やコンクリート屋根と比べてどれだけその点で優るか疑問であって大したものでなくなって来る。火災のために前に記したHoffman氏設計の茅屋のプリマベスト邸やKramer氏設計のベルヘンの大住宅もなくなっている。しかしその危険にかかわらず現今においても英国やオランダの田舎や田園都市に近代的な住宅として茅屋がかなりに行われているのを見るとき、それ等の持つ感じやあたりの自然と調和するということが、それは平凡な日常生活のそことなき心宜しさに過ぎないであろうが、如何に住まいというものには大きく評価されるかを知るのである。

以上で我国における非都市的なものの伝統をその表現及び材料において現代と如何に交渉し得るかを考えつつ見て来たが次に現代の我国において、この非都市的なものは如何に現れて来ているかの問題である。

住宅建築にあらわれる浪漫性が原始性を捨てさせないとしてもまた過去の伝統によいものがあるにしても暖房や照明や給水や衛生設備は改善せざるを得ず、それに伴って科学と産業文明が調和や不調和やを超えて入りこむことは自然の勢である。また服装の改廃や習慣の国際化があるいはその経営や維持のための手数を省かざるを得ない状勢やによって、都市や非都市を問わず住宅は変化せざるを得ないことは明らかである。しかし如何に変化するか、如何に改むべきかは単なる非都市的なるものだけの問題ではない。一般の問題である。そのために今は止めて別の機会にゆずろう。

ただ非都市的な現代の住宅の一つの試みとして紫烟荘の設計を、それはなお意に満たない個所があり、また設計通りに実施出来なかったところがあるが見られんことを乞う。（一九二六年、十二月）

『紫烟荘図集』洪洋社、一九二七年より

茶室の思想的背景とその構成

一

茶室は茶の湯のための建築設備である。茶の湯とは一種の生活構成ともいうべきもので、茶の湯の典型的な形式は茶会と呼ばれて、多くの場合数人の人が会して、飲食し、観照し、また談話する行為が中心になって一つの完き形式に組み立てられている。多数の人々の喫茶をするいわゆる「大寄せ」というのもありまた装飾を中心とした書院台子の茶もあるのであるがそれは茶室を考察する上においては余事であるように思う。茶室は茶会のための建築設備であるが、茶会に関して以上の如き事物的な記述だけでは理解することの出来ない特種建築である。茶の湯の思想は茶室の思想的背景をなし茶の湯の制約は茶室を建築的に直接規定するのである。この意味で茶室を考察するにはまず茶の湯の思想とその性質を考察する事から始めなければならない。それゆえにここに茶室を考察するに必要な範囲で、第三者の立場から茶の湯をまず考察してみようと思う。

明治の初めに京都の茶の湯の宗家である千家から官憲当局に出した茶道保存陳情書に茶の湯は「其原意は忠孝五常を精励し節倹質素を専に守り」「子孫長久無病延命之天恵を仰ぐ祈術にして」「誠心以て執行仕候事に悉皆顕然御座候」（茶室と茶庭　保岡勝也氏）という説明がある。いわゆる「文明開化」のために総ゆる旧文化が破壊されんとしているようなシトゥルム・ウンド・ドラングの時代に提出された文章であるから特別な語勢があるであろうが祈術、執行などの言葉は神道や密教などの祈禱を思わせるような言葉であって、かく述べる事がその当時の当局をして保存の理由を納得せしめるに力あると考えて強いてこんな語を使用したのではないかと想像もされる。勿論執行という文字は台子の茶などについては昔から使用されてはいるが。また山田宗徧の茶道要録や千原叟宗左口授の点茶法式（隠岐與右門書）には喫茶咒文之事[註一]などという項もあって、茶の湯は一面何か宗教的な一種の儀式でもあるように思われるところがある。英語などには tea ceremony と訳されているし岡倉覚三氏の茶の本の中には「唯美主義の宗教」(a religion of aestheticism)と書かれている。また茶の湯の祖といわれている村田珠光は「夫茶道《ノ》為《ル》レ徳《ヲ》原《トシ》レ禅《ヲ》守《リ》レ倹《ヲ》、以《テ》レ不《ルヲ》レ足《ラ》而《シ》為《ト》レ足莫レ好《ム》ニ美麗《ヲ》一」[註二]（茶伝集　徹斎）といい、また一般に茶の湯の大成者といわれている千利休は「小座敷の茶の湯は第一佛法を以、修行得道する事也[註三]」（南方録　南坊宗啓）といっているしまた「宗易道陳ハ禪法ヲ數奇ノ師匠ニス」（茶器名物集　瓢菴宗二）などの言葉の中に宗教その物でなくても明瞭に少なくとも宗教的である事は当初から創設者初めその道の大成者によっていわれ、またその当時の人からもそう見られていたのである。「水を運ひ薪を取て湯をわかし、茶を立て佛に備へ人にも施し我も呑なり。花を立て香をたきて皆々佛祖の行ひの跡を學ぶなり」（南方録）という言葉などは全く禅修行の心持ちと少しも変わらないと考えていい。利休がこの語を語った茶の弟子南坊宗啓が禅僧であるためにかく語ったのではないか、また南坊が禅僧であるために師の言を書き付けるに禅宗的表現を与えたのではないかというような疑問もないではないが、利休自身も禅の修行をしたし、交友関係が多く禅修行者であったという事も自然に禅宗的に発達した理由であるが、一番の原因は茶その物が禅宗によって利用され、茶の湯の形式が禅宗の台子から出発しているという事が、最後まで宗教的な色彩を齎した理由であろう。しかし宗教的ではあるが宗教ではない。「紹鷗利休居士の時代に至て茶《チヤ》の湯《ユ》と稱す。茶の湯と佛家に奠茶奠湯《テンチヤテントウ》を略して茶湯《チヤトウ》といふ。居士是に混ぜざるやうに茶の湯といへりしとぞ」（茶道筌蹄）と後に記されている如く明らかに独立したものである。また実際においても神道や密教などの祈禱とは非常にかけ離れたものである。祈禱は何かのために祈禱をするのであろうが、茶の湯には茶のほかに目的がなく、それ自身が目的である。茶の湯に茶道という如き「道」という字をつけたのも、華道、香道、剣道、柔道の如く多く儒教的プラグマチズムから総る物に修身斉家治国平天下の巧利性を附与する事によってその存在の正当性を主張しまたそれによって外面的に内容の深さを表現しようとする時代相であったと考えられるであろう。この語は南方録中にも一箇所出ているが多くは徳川時代になってから使用されたようである。茶の湯が茶道となったとしてもそのために一層宗教的になったとは考えられない。それは逆に道楽という言葉を生むに到った反対側に近いかも知れないものがあるであろう。

　侘の茶を最も発揚したといわれている千宗旦は幼少より大徳寺にて禅修行をし祖父利休の自刃[註四]の時は十四、五歳であって、一家離散の不運を目のあたりに見ているのであるから、彼が茶の湯を一層宗教的な方面に進めて行った事は考えられる。父少庵（利休の第二子）没後なお壮年であったにもかかわらず隠居をしまた度々関東より出仕の勧誘があっても固辞して受けず「今日庵」や「又隠」に茶人として侘びすました生活を送ったという事である。彼の茶の精神は「茶の原意は器の善悪を擇ばず、點ずる所の容態を論ぜず、唯茶器を扱ふ三昧に入りて本性を観する修行をするに在り。さて茶事に託して自性を求むる工夫は他に非ず、主一無適に一心を以て茶器を扱ふ三昧に入るに在り」[註五](伝宗且作茶事修行の事)に見る事が出来る。珠光、利休においても茶の湯は宗教的ではあったが、かくの如く主客転倒するほどではなかった。珠光の「茶は禪を原とし」とか利休の「茶の湯は第一佛法を以修行得道する」等の言葉には明らかに茶または茶の湯が目的であって、茶の湯を修業するには仏法を以て修行をし道を得るにある。仏法は、茶の湯の「露地の一境浄土世界を打開く」(南方録)という目的のための手段である。しかるに宗旦にあっては「茶器を扱ふ三昧に入ることによつて本性を観ずる」すなわち禅的開悟するためである。茶は「茶事に託して」であってもはや目的ではなくなってしまって単なる手段となっている。このために「茶の湯」の本当の意味がなくなったという事が出来るかも知れない。それは茶が寺院で薬であったりした時代から茶の湯なるものが一つの独立した様式をもって自律的なるものとして発達完成した境地から逆に原始へ復帰してしまったとも考えられるであろう。

　しかしその時代の思想では仏教は最高文化の象徴である。あらゆる文化的なものは仏教の上にその基礎を持ちそれに依存していたその時代の生活においては宗教的修業がその生活的深さと高さと豊かさとの標識であった。禅剣一致も茶禅一致も文字通り一つに融和された最高の文化的形式の一境地であった。それは宗教的に三昧の境地、悟の世界でもあった。その境地その世界ではそれが目的であるかそれが手段であるか分かつ事を必要としない一如の世界である。珠光や利休の茶の湯においてもかくの如き世界であったかも知れない。しかし利休においては思想的にはそうではなかったように思う。これは後に述べるであろう。

しかし宗旦において茶の湯の形式が禅修業のために破壊されたのではない。すでに形式は完成している。その形式の上にかくの如き思想によって茶の湯の倹素、侘という方面を徹底し外面的なものから内面的なものにまで完成したと考えるべきであろう。この事は彼の遺構に見ても疑いはない。彼の好みで出来た茶室「今日庵」や「又隠」[図1]は恐らく茶室の中の茶室として第一に出されるべきものであろうし、また彼が指導して作らせたというその頃の楽焼茶碗ノンコウは茶室との調和や茶碗としての美しさの上でまた最も注意を引くべきものであるであろう。利休が珠光の持っていた円悟の書の掛物をその当時では高価な金で買った話や堺の商人あたりが高い金で大名に売る輸入の茶器などの目ききをしたり仲介をしたりする話[註六]などについて見るとき、義政が東

1図　又隠(徳川時代初期．千宗旦好み)

山名物を作った時代の気風が未だに充分抜けていないように想像されるのであるが、宗旦にあっては自分で書いた画や狂句狂歌なども掛けたといわれているしまた花器や茶杓なども竹にて作り(これは先例があるのであるが)、香合などは茶室における唯一の色彩ある美しいものが選ばれるのが一般であるが、それさえも素人細工の張子の香合などを作った事など如何にも侘の茶の湯らしい話や遺物が今にまで伝えられている。

かくの如き茶の湯もその後幾年も出でず利休の茶の湯を正風流とした藪内竹心によって「一時の風流と申候は一時機に應ずる風流にて」「宗旦の枯雅一時の機に應じて世にもてなし遠州の雅麗一時の機に應じて世に流布し」(茶道霧之海　藪内竹心)の如く「盛衰に渉らず百世に易らざる正風流」に比し一時的な流行として評されている。かくの如き茶の湯も多少は宗旦の弟子等に伝えられたであろうとはいえ、一般に盛んであったのは当時の権勢によって用いられた遠州流の茶である。またかくの如き茶の湯もその後も禅宗の僧侶によってまたは禅趣味の人々によって例えば茶道鉄槌集や禅茶録の著者の如きに多少行われたであろう。[註七] しかし「今の茶人は一向禪の心なく只管手法之事とのみ思ひ」(茶道鉄槌集　酒々庵雪洞)の如くこの方面は全体から見て実際には僅かの人々によって経験されたのみであろう。

二

茶の湯は現在女学校において礼儀作法の補助として教えられているところがあり、また同じ意味で家庭においても女の一つの資格として教養されている。茶の湯がかくの如き方面に利用される一面を持っている事は明らかで石州流の「茶の湯と云は茶を點する禮式にて」(茶湯大成秘抄)とかまた織田有楽の「それ茶の湯は客をもてなす道理を本意とする也」(茶道織有録　大中川為範)とある如く昔からこの方面が考えられていてそれゆえに今日もなお一般にその伝統が保存されているとも考えられる。

かくの如き礼儀作法の一形式として見られるようになったのは茶の湯が富裕な町人階級や武士階級に盛んに行われたがために、その階級の中に接客法として必然的に教養となったとも考えられるであろう。茶の湯の最初「台子の茶」時代には目的がこれにあったであろうが利休時代になっては思想としては「露地《ろじ》は只うきよのほかの道なるに……」[註八](南方録)の如くになったのである。武士階級の中に採り入れられた事は「浮世の内の」特殊な礼儀作法としての部分が相当大きかったであろう。この方面について後に「臺子をやつして二疊の向爐を開き美味を思て疏菜を味ひ花麗を以てしつそを用ゆ。是より點茶の自在を得て一人より萬人までいづれ味を同じふするの道を得たり。されば其門に遊ぶ人、上となく下となく廣く交るの道として成たり、猛き武士《もののふ》も此交りの厚きに伏し朋友の道の至極を得たり」(茶道独言　楽水菴)の如く書かれている。利休風の茶から非難された小堀遠州の茶がこの意味を多くもっていた事は遠州と親しかったという京都の橘屋宗玄の覚書に利休風と遠州風と「各別たがへりと世の人申す事にて其由問ければ」「古織や吾等は武門に身をおき台命に應じて只平天下の諸人左右に小座敷に膝をつらね、したしく相交る導きをのみ心にし侍れば、露地數寄屋の大體をかり用たるまでの事なり」(草名壺中炉譚)などによって想像する事が出来る。また此方面について如是閑叟氏は次の如き興味ある説明を与えている。「武家の天下の久しきに亘って後でさえ、殿上の儀礼に通暁するものを特に世襲的儀礼官として特権的官職たらしめていたのは、宮中貴族等がその伝統的儀礼を一子相伝の秘法として自から守り、これによって宮中における彼等の権威を僅かに持続せしめる道具たらしめたからでもあるが、またその儀礼が武家共の生活様式と相容れないために全く彼等の模倣を超越したものであったからであろう。そこで次第に都会化し、貴族化した武家は、彼等自身のエチケットとして企及し得る性質の礼儀作法をもたねばならなかった。しかし山賊から発達した田舎武士はたとえ都会貴族と接触するに至っても、彼等自身のうちから、公卿模倣以外の都会人的特殊動作の様式を産み出す能力はもち得なかったであろう。彼等はそこで、当時堺を中心として起こった町人社会の要求した田舎趣味の都会人的摂取ともいうべき茶道を彼等自身の階級的エチケットとして採り上げたのであった」(瓶史新春特別号)。かくの如き意味で採り入れられたであろうが、また盛んになったのは信長初め秀吉以下徳川の時代になっても、戦功ある諸将の優遇法として、茶器を論功行賞に宛てる如き政策に利用した事や、茶室を秘密な会合に利用するというような事が武士階級に必要であったのも一つの理由であったであろう。また秀吉が伏見桃山城中の茶亭を学問所と呼んだことは[註九]茶室の床に懸かる書画を学僧承兌に解説せしめたという事などから起こっているであろうが(豊太閤と喫茶趣味　渡邊世祐氏)これは茶の湯を学問修行として利用した例であるがこの意味もあるいはあったかも知れない。

しかもかくの如きエチケットとしてあるいはその他に利用する政策や修養としての要求のみでは歴史で見る如く盛んになる事は得なかったであろう。それは彼等の趣味に投合した事が最も大きい理由でなければならない。鎌倉幕府以来武士階級と禅宗との接触は非常に長い間である。禅的趣味が彼等の中に常に生きていたのであろうから茶の湯は彼等の趣味として容易に取り入れられまた盛んに行われたと考えられる。常に定めない動乱の巷にある彼等にとっては肉体における温水浴の如く茶の湯は精神にとっての必要なる生理的要求であったとも考えられる。それは彼等にとっては武力闘争の生活の浮動常なき精神に大きな静けさと落ち着きを与える一種の遊びであり、またそれは単なる肉体的な快楽や官能的な刺戟のみでなしに、もっと深く内面的に動かす事のある魅力ある楽しみであったであろう。それは武士階級ばかりではない一般にもそういう風に受容されたのであると考えられる。最も盛んだったと思われる秀吉時代においては既成覇権の崩壊後の新しい秩序の創造の衿持と共に内面的生活の視野の拡大と精神の昂揚、自由な飛躍の中に、豪華な彼の桃山芸術と共に閑雅静寂な遊び「茶の湯」の要求は少しも不自然でない顕れであると考える事が出来る。前者は広さと明快さにおいて、後者は深さと幽暗さにおいて、その時代の人々の生活に深く浸透した時代の色である。その如き時代色も次第にその華なもの、寂びたものも細かく弱く次の時代性に移り行くのである。すなわち利休の茶が遠州の茶に移り栄えて行くのである。

茶の湯を単に功利的にのみ政策や修養としてのみ受容される方面からは一国の領土と茶入とかえたり（岩城文琳の茶入の話など）、死生の境にも宝として茶器をただ一つ携えたりする（平蜘蛛の茶入や織部の斗々屋の茶碗の話など）ような受容する側の熱烈な茶器に対する執着や意表に出る評価の心理を話としての誇張を差し引くとしても説明する事が出来ない。ただ茶の湯を精神生活上の非常に大きい魅力ある遊び、一種の芸術として理解する時初めてその如き事象がある程度に理解する事が出来るであろう。

三

茶の湯は「茶、花、絵画等を主題に仕組まれた即興的劇であった」(茶の本)という如き芸術的一面が最も世に入れられ現在にまで保存されているように考えられる。

利休が「十年を過ぎず茶の本意捨るべし、扨捨る時は却て世間は茶の湯の繁昌と思ふべきなり、ことごとく世俗の遊事に成てあさましくなりはて今見るが如し」(南方録)と嘆いたのは茶の湯の芸術的方面の否定ではなくて「大名高家の交りには草庵を書院の如く取さはき」また「おもひ〳〵様々の事をたくみ出し古傳に違ふ」事やまた「草庵にても酒もりの興をなす」(南方録)如き世俗の遊びになってしまう事の歎きであろう。むしろ利休はこの芸術的方面に優れた才能を表わしたと見るべきである。利休が朝顔の茶会に庭の朝顔の花を全部取り去って茶室中一輪の花を点出した話やまた塵一つなく掃除した庭に故意に木を揺すって落葉を散らしたりした人によく知られた話は、どの程度まで信じてよい事実であるか解からないが、総て美の表現のための技巧であるとしか考えられない。利休の「侘」という事はこの美的表現としての一様相であると考えた方が自然である。

「和漢共に古來無レ之露地草庵一風の茶を工夫し」（南方録）「又草庵の一風に於ては鷗の得心も成就せず漸々に此休が心に悟りあきらめて」（南方録）という利休のこの自信は珠光以来の茶の湯の形式のみを発達さしたという事でなくて精神的にある大きな完成を齎らした事の自覚ではないであろうか。弟子であり禅僧である南坊宗啓に対しても仏教上の「大悟に於ては愚盲の宗易（利休）何としてか御坊に及べき」（南方録）と感じていたのであるが茶の湯に関しては台子の「其法式を階子《はしご》にして今少し高き所にものぼりたき志ありて」「書院結構の式よりかね《相矩》をやつし露地の一境浄土世界を打開き一宇草庵二疊敷にわびすまして薪水のために修行し一碗の茶に眞味ある事」を漸く悟った自覚はすなわち書院台子の茶の美よりも以上の精神的深さを入れた世界、南坊にも及ばない禅那の悟の世界ではない他の別の世界、すなわち南坊を教ゆる事の出来る別の浄土、茶の湯の浄土世界の悟入の自覚なのである。かかる精神的深さの入った世界の創造は「西行の和歌における、宗祇の連歌における、雪舟の繪における利休が茶における其貫道する物は一なり」(笈の小文)と書いた芭蕉の俳諧においても同じく貫道するもののある世界である。かかる精神的深さの入った調和ある可感覚の世界の創造は芸術に外ならないであろう。「世相應ぜず、ほともなく正道斷絶し」佗の「二疊敷もやがて二拾疊の茶堂になるべし」(南方録)という事は彼の芸術の変化でなくて全くの破壊なのである。真に彼の世界を知ってくれる人があるならば「百年の後たり共體骨うるほひを得」「必茶道の守神と成べし」(南方録)という願望は自分の創造した芸術の愛着に外ならないように思う。

茶の湯を単なる礼儀や禅修業の世界から見ている間はこの方面の利休の言葉の意味は正統には理解出来ないであろう。

それでは、茶の湯を一つの芸術と見ようとするならば、茶の湯は如何なる芸術に属するであろうか。茶の湯は「日常生活の形を備えた美の生活」であり、「唯美主義の宗教」であり「茶、花、絵画等を主題に仕組まれた即興的劇」であると「茶の本」では述べられている。生活が生活である間は宗教が宗教である間はそれは芸術ではない。生活が如何に調和ある生活であっても、それは美しい生活とか宜しい生活とは云えるが直ちに芸術ではない。調和ある生活が物語になる時、絵に描かれる時、劇に演ぜられるとき初めて芸術にはなり得る。それ等は一般に芸術といわれているものの関係である対象と美的観照の関係が成立する芸術である。茶の湯においてはかくの如き関係にあるのは茶庭や茶室や、床の間の懸物や生花であろう。あるいは茶器や茶器の置かれる配置等がまず第一に上げられるであろう。それは造形美術としてそれを見ようとしているのであるが、茶の湯にはそれ以外の多くの物がある。それは食物(懐石《かいせき》と呼ばれている)の味や、茶の味や香の匂いが数えられるであろう。一般に下級の感覚として取り扱われているのであるが、しかし少なくとも初発的な美感を与える事は事実である。次に釜の鳴る音やドラの音が上げられるであろうが、それは音楽とはいえない。釜の鳴る音は庭の風の音や落葉の音と同じく自然現象である。次に主人の手前すなわち炭をつぐ所作、茶を点ずる所作が上げられる。これは定まったある形式があるのであるが、しかし表現ではない。目的行動である。その規律正しく順序や手法を規定した形式上の単なる目的行動である。それは舞踊における如き芸術としての自律性を持たない行動である。芸術の形式として最も複雑なるものは空間形式と時間形式との綜合として見られる演劇が考えられる。しかしそこの中に行われる行動は表現的意味より外にない。実際に茶を点じなくとも茶を点ずるように見えればよいのである。

そしてその表現を観る者は全くかけ離れた位置から見ていればよいのである。しかし茶の湯においては観照者は誰なのであろうか。茶会を第三者が、茶会の客としてではなく傍観をするという事は考えられない。かくの如き傍観者は茶会の破壊者であるからである。茶会においては前にあげた如きものを見るのは、聞くのは、味わうのは総てその時に招待された四、五人の客のみである。その客が劇の観照者の如き位置に置かれていると考えることは出来ない。演劇の例でいえば茶の客自身が演者の一役が振り付けられているのである。正客は最も大きい役割である。茶会は相当の日数を置いて予めどういう人が客となって来るかを招待と同時に通知されるのである。正客は主人の性格や趣味やその日の気分を充分に知っていなければその日の茶会は完全には行われないと考えられている。「たとひ壹人切者《きれもの》にても相客不《あひきやくふ》切者《きれもの》なれば諸事作法思ふやうに無レ之《これなき》物也。それ故昔より客組を第一に心懸《こころがける》也」(無住抄)といわれている如くその他の客も少なくともその茶会の調和を破るような人物や行為があってはいけない。こんな意味で一般にいわれる劇とは甚だ異なっている。これは人に関する事のみではない。庭、露地、茶室(数寄屋)にしろ、待合(腰掛)にしろ、便所(雪隠)にしろ、手洗所(蹲踞《つくばい》)にしろ、演劇における舞台装置だけの意味ではなくて同時に日常生活の事物的な設備でもある。

表出者と観照者がかかる位置をとるものは室内楽の演奏者が聴衆のない室内で奏しながら楽しむのに似ているかも知れない。また表出と観照との交錯は芸術家が創作に従事する場合必ず起こる事であるが、その場合は創作が彼の企図の如く表出されているか否かの吟味のための観照が多く含まれている。しかし茶会における観照的態度は決してこんな意味のものではなくて、観照それ自身が独立している。しかしこの観照は理論的には主観的存在に過ぎないものであるが、時には客観性を帯びて、何等かの意味で茶会の表現に参加する事はあるであろう。客が茶会の意図をよく理解し彼の内面生活をそれに照応させることがなければ茶会は成立しない。

談話をし飲食をし書画や器物を観照するというような行為は如何にそれが順序よく行われるにしても、それは日常生活に外ならないように思われるであろう。しかし発達完成した茶会においては日常の生活とは少し異なっている。まずその日常生活の如き行為が露地と呼ばれている茶庭に取囲れて、多くは外露地と内露地註一〇に分かれその間を中潜《なかくぐり》註一一（中門）をつけ、内露地の奥に茶室を作りいわゆる「草庵寂寞の境」の中で行われるのである。その世界を他の外界から区切るために垣を作っている。外露地には待合(跨着待合または寄付き)が作られて、ここで服装を改めたり客を待ち合せたりまたその日の茶会の目録(会記)が示されるし、またその日の会の意味なり気持ちなりを暗示するような懸物や装飾がされる。ここで招かれた客が揃って主人方の案内で順々に中潜を抜けて内露地に入る。腰掛けて待つ待合がそこにある。こういう風にして茶室に近づくのである。中潜は時には高さも巾も三尺四寸[註一二]内外で地上一尺七寸位の所に作られ塀の壁にあけられた穴の如き感じの事がある。茶室へ入る前に必ず蹲踞《つくばい》において口を嗽ぎ手を清める。「専、心頭をすすぐを以、此みちの肝要とす」(貞夢集)というほどに重きに置かれている。そして躙口《にじりぐち》[註一三](クグリ、躙り上り)と称する高さも巾も二尺内外の入口からにじりながら初めて茶室内に入るのである。「頭と手と入て。やがて片膝をおり《折》よこ《横》にうつぶしにじり入事也。たゞうつぶして、はい《這》入にいれば。ひざを入る時に、こしあがるに依て。くゞり《潜》にてせなか《脊中》をうつ物也。殊にうつぶしては前さき《先》左右見へずして。かならずしそこなひ致す事也」(利休客之次第)と利休は川崎梅千代に注意をしている。好みによって幾分違っているところもあるがまた待合や中門が略されている場合もあるが、定式として一般にこの形式が行われるのである。これが茶室に入るまでの客の必ず行われなければならない行動形式であるとするとき単なる日常生活とは非常に異なっている。待合にいる場合にも露地においても高らかな声で話す事は禁じられているし客の茶室に進み行く間隔もほぼ時間的距離が定められている事などは儀式に似ている。儀式としても何かを祝ぎ、何かを祭る、何かを葬う如き儀式ではない。茶の湯の行動は行動自身茶の湯の他に目的はない。それ自身が目的である。

高さも巾も二尺内外の躙口の如きは心なく見れば単なる通風窓か塵埃の掃出口の如き低く狭い到底五尺余の人間の出入口と考える事の出来ないような出入口から、太宰春台の口調を借りれば「客人ノ出入スル口ハ狗竇ノ如クニテ、クヾリ匍匐《ほふく》シテ入レバ」の如き事は儀式においては滑稽な事としか思えないしまた日常生活においてもかかる不便な事は理解されない。また封建時代において片時も身から離さなかった刀をとって茶室に入る前に刀掛に置く事の如きはその時代においては非常な事であったであろう。「士者闕《ク》二護身之備《ヲ》一豈《ニ》可《ナラン》乎」(茶祖伝)と義政が珠光に聞いたというのもまた「客も亭主も無刀になりて茶を立て樂とする事、武士たる者のすべきなぐさみにあらず」(貞丈雑記)と後に伊勢貞丈が評したのもその時代の偽らざる気持ちであったであろう。この如き異常な事が行われるのは少なくとも平和なる事や侘びたる事や清浄なる事等茶の湯の情緒的方面のおのずからなる要求であると考えられる。芸術として見るときその如く不都合なる不便なる入口も美の観照には有意義である事を発見する。茶室は多くの場合広い室ではなくて一般に四畳半が真座式とされ一畳大目といわれる一坪にも足らないような室さえ行われておりまた天井の高さも今行われている市街地建築物法の最少限度七尺にも足らないのが一般であるのであるから、一見しては独立した室と見る事が出来ないほどの狭い低い空間である。これを一般に行われている巾三尺高六尺近くもあるような出入口を付けて入るとなると、茶室特有の小空間は露地の規模《スケール》が小さく出来て調和していても人に比してその空間的な広がりは如何にも「せまくるしい」穴の如き感じを以て曝露されてしまうであろう。しかしそれが躙口の如き入口から室内を腰かがめて見る事はあたかも覗き眼鏡から絵を見るように室内は一つの纏りある独立した超尺度の世界を現すであろう。これは茶庭へ入らせる時の中潜りの如きも同じ計画からなっているよう思える。

躙口から多くの場合床の間が正面に見えるように時には室の都合で斜め横に見えるように作られている。客が「手をくゝりにかけ、そろりとしづかに戸をあけて内を見いれ」ばまず香の匂いが嗅覚を襲うであろう。それは精神を落ちつかせるような種類の快感的刺戟である。そして次には床の間の懸物が視えて来るであろう。かくして入った茶室の中では主人の好みからなる「見立て」と「取合せ」によって、それは器物の持つ視覚的効果や飲食の味や香等を素材として、一つの個性によって貫かれた統一された構成の世界が開かれる。その世界では「能和《よく》し能敬し能清く能寂なる」が理想とされている。それは生活の最高の調和と美である。

かくの如く我々の行動が調和と美とを目的として一様式に組織された「茶の湯」の如き形式のものは、たとえ純粋芸術のもつ外界との隔離性が充分に与えられてないとしてもまたその体系が如何に特殊であって今までの美学の取り扱った如何なる範疇にも属さないとしても芸術という名が一番ふさわしいのではないかと考えるのである。

茶の湯のこの芸術的方面の理解のない場合には「……客を侍せ。兩刀を席へ入ず。剰塵溜《ちりだめ》近きあたりに刀掛をしつらひ。客に自身草履を取せ。にじり上りの狹き所より這入せ。扨亭主はふすまを明て出るなど。皆客をうつけにし。客より亭主をうやまひつるごとくにふるまふ事。一つとして理にあたらず。其無禮云ふに及ばず……」(別観茶礼抄駄荷袋)という如き非難さえ発せられるにいたるであろう。

茶の湯を一種の芸術として見る時なお考察すべき事象の一つは懐石と呼ばれている

茶室内の食事である。これもまた主人の「見立て」と「取合せ」の意志に依って主人の個性が表われるであろう。それは味覚の如き狭い範囲の働きしか持たない下級な感覚ではそんなに自由な変化はないにしてもなおその個人的な好みは表われるであろう。そして懐石は客が好もうが好まなかろうが食物を残す事は法則として許されないのが一般である。それは饗応という意味でなしに茶の湯の欠く可からざる表現的一面であると考えられる。ゆえに古から茶会の懐石料理の献立は利休を初め種々の人々の記述が残されている。また「めつたにふしぎ奇妙の料理をなして、其見るのみならず、食ての上にても互に額をあつめて、何なりしやなどといふて面白がることいかゞ、亭主も客も其味を忘れ料理のはんじもののやうに心得、しきりにおもしろがり、其はんじもの料理を書付などして噺し合ひなど、何んとこころへしものにや……多くは異物を珍味と心得る人多し皆まちがひのことなり」(茶道独言　楽水菴)の如く極端になったものへの非難もすでに書かれている。茶人を種々罵った太宰春台は懐石についても「飲食物モ人ノ口ニ好ミ悪ム物アルニ主人ノイカニ心ヅカヒセリトモ、口ニ叶ハヌ物ヲ必残サズ食ントスルモクルシ」(独語)と言っているがしかし、懐石は食物の馳走にあずかるのでなくて茶の湯の構成的雰囲気を享受観照するにあると考える事によってある程度まで許容出来るであろう。また茶会として重要なものは会話である。会話の内容が似つかわしくなかったらば茶会は不成功といわなければならない。一般にその会話の内容となるものは器物ないしは掛物の美的価値以外にその伝来的因縁に関係する事が多い。ゆえに器物の中には何等美的価値ないものでもそれは伝来のゆかしさのみによって非常に高く茶の湯では評価される事がある。そのゆかしい話は茶室内の会話として茶の湯を生かす情趣を作り出す。かくの如き事情は器物の箱書付を茶の湯においてて尊重する心理をある程度に説明する事が出来、また茶人の竹をまげて作った如き簡単な原始的な茶杓が現在においても驚くべき商品的価値を持っている事が理解出来るであろう。

茶の湯が日常生活の形式を借りて美を求める芸術であるとして、それを今ここで生活構成の芸術と呼ぼうと思う。

茶の湯の如き生活構成は、その目的が静かな調和であるのであるからその構成の仕方如何によっているのみでなしになお構成材たる庭園をはじめ建築及び器具等またそれ以上に人等の構成材自身の質によっている事が多い。そしてその個々の構成材それぞれまた独立した性質を持つものが多い。例えば露地を一つの庭園として、茶室を単なる建築として、茶器を工芸美術として、茶の湯の特種性を離れた独立した性質のものとして見る事も出来る。そういう態度のために、茶の湯の構成として相互関係によって美が成立するような性質がなくなって露地は面白き庭園になり、茶器は美しい工芸品にまでなってしまったものもある。かかる結果のよい悪いは別の問題として、構成の力によって素材以外の他の別の独立した世界に創造する事は、一つに構成法の形式に、それからその技巧（茶人の見立てや取合せ）によっている。これの成功は非常に困難な問題であって、そのために茶の湯の完成までには長い時間がかかり、またその後それの分化発達したいろいろの変化もほとんどないといってもいい。多くの茶の湯の流派はただ茶の手前や何かの末節の技巧の相違に過ぎない場合が多いからである。利休風の茶からは非常に非難をされる遠州の茶にしても、例えば茶庭について、利休風では「木ノ枝ヲ切《きり》スカスモ打覆タ所ヲ切《きり》、自然ニ木振《きぶり》ノ能《よき》ヤウニ見ル心ナリ、造庭《つくりにわ》、造木《つくりき》ハ別《わけ》テ嫌《きらい》也」「松葉一本宛揃テ蒔コト無レ之、道筋ヲ掃《はき》ヨセタ心ナリ」（茶譜）の如くであるが遠州では「木振捨石ノ體、造庭《つくりにわ》ニ似タリ木ハ一枝ツツ景有《けいあり》、或ハ枝ヲ繋《つなぎ》、或以レ鉗摘込細工ヲ専ニ好《このみ》、松葉ヲ蓐コト愈一本宛揃《そろえ》ヲ手際ヲ盡《つくし》、偏ニ蒔繪ニ似タリ」（茶譜）と評されているが、それにしても、その変化は極めて少なく庭の中へ細な技巧が入って来たのみで「静寂」なる庭が豪華な庭になったというほどの変化ではないし、また遠州は「座敷の花を賞翫させんとて路地に花ある木をうへられざりしより今はなべてうへぬるに成ぬとなん」[註一四]（茶湯古事談）などの思想を持った事などは利休の思想によほど近いといっていいであろう。

しかし茶の湯を生活構成の芸術として考察するときはその性質の表現的可能の野は今まで考えられていた如きよりも遥かに広くなって来るであろう。今までの茶の性質は数奇、侘び寂びという方面の構成であったのであるが、それを対立的に考えられる他の一面、豪奢、華やか、賑やかというような性質の構成も成り立ち得るであろう。書院台子の茶という如き原型でなしに、こうした方面があったことは例がないではない。今まで茶の湯として、子供の戯れと同じように、半ば微笑を含んで談られている秀吉の金の茶室はこの意味で、茶室として一つの意義を充分に獲得するであろう。その茶室は「平三疊也、柱ハ金ヲ延テツツミ、敷居モ、鴨居モ同前也。壁ハ金ヲ長サ六尺ホド、幅五寸ホドツツニ延テ、ガンギニシトミ候。縁《えん》ノ口ニ四枚ノ腰障子ニシテ、骨ト腰板トハ金ニシテ、これに赤キモンシヤ《紋紗》ニテハリテ疊表ハシヤウ〳〵ヒ《猩々緋》、ヘリ《縁》ニハ金襴モヱギコモン《萠黄小紋》、中コミニハ越前綿也。三尺ノ縁是ハ竹ツツラニテカキ候。同カマチハ皮ムキノ木也」(宗湛日記)などの記述を見るとき、この茶室は三畳敷であり竹や面皮の框を使用しているところなど決して金閣や銀閣などの唐様様式の建築ではなくまた書院風でもなくて、総て数寄屋風で恐らく、佗の茶室の色のみを金と朱に変化させたと考えられる。この小座敷の茶室では金の台子が使用されたように同じ書に記されているが、南坊宗啓が南坊録に記した如き東山時代風ないわゆる書院台子の茶が行われたのではないであろうと思う。

　それは前の記述は肥前名護屋で秀吉から諸侯に茶を賜った時の天正二十年(文禄元年)五月二十八日の事であり、その月六日の秀吉自筆の手紙に「りきゆ《利休》のちや《茶》にて御せん《膳》もあかり《上》おもしろ《面白》くめてた《目出度》く候」(上野精一氏所蔵)というところがあって、利休はすでに一年前に秀吉の勘気を受けて自殺しているのにもかかわらず利休風の茶を行っているところを見る時、茶器のみ黄金ではあったが形式はやはり利休風ではなかったであろうかと想像出来る。あるいは逆に書院台子の茶を重にやっていたから、殊にその時は利休風の茶をしたと述べているのかも知れない。いずれにても平三畳の席では利休風の茶と考えるべきであろう。

　書院台子の茶は利休は彼の茶の湯のすべてを伝えたという南坊宗啓にさえ「今凡下

のもの、ことに此方などが可《キ》二罷《リ》出《ズ》一座席もあるまじ相傳無用」(南方録)といって「申てもも〳〵小座敷ならては茶の湯の本心は難《キ》レ置《キ》事」(南方録)と述べているところを見るとまた「臺子は榮花結構の式なれば」「稽古たりとも俗は上下《かみしも》法體は袈裟」「貴人高位は衣裳装束素袍などにて被進候、長袴常の上下さへ略儀之事也」(南方録)などとありまた君台観左右帳記などのように非常に装飾的ではあるがまた儀式的であって、利休風な茶の湯の如き深い内容を持つものではないであろう。

茶の湯がこの秀吉の金の茶室で行われる時侘の茶のみを考えている者の想像も出来ないような華やかな美しさの限りであったであろうと思われる。茶室内は色彩的に見て、金色と朱色との目覚めるような諧調の中に畳の縁《へり》の萌黄の線と一点の茶碗の中の緑色の茶とを加えて想像して見る時、色彩の調和として金と朱と緑の如き正統《オルトドクス》的な美しさはまたと他にはないであろう。かくの如き茶室に対する露地は侘の茶の禁木である花の咲く樹木の林でよい。それは桜花の満開の庭でいい。素材としての人は太閤秀吉である。こんな取り合せを考えて見る時、充分に一つの美しい茶の湯の構成が出来るであろう。

「茶事も此に至りては、俗の俗なり」(茶道美談)という如き批評は秀吉の代わりに近代資本主義時代の成り上り者を入れた時のみである。

芸術としての茶の湯の一面にはまた、滑稽ユウモア等の構成も可能であるであろう。それには美濃の一作やまた山科《やましな》のノ観《へちかん》の茶などが例とされるであろう。

秀吉の北野の大茶湯の時、それは「茶の湯執心においてはまた若黨町人百姓以下によらず、釜一、つるべ一、香物一、茶なきものはこがしにても不レ苦候」「日本之儀は不レ及レ申、數奇心懸《こころがけ》有レ之ものは唐國《から》の者までも可ニ罷出一候事」(續群書類從　北野大茶湯之記)などいう高札を所々に二ケ月も前から出して集めた大茶会において「小松原有所《ある》に、美濃の國の一作其より芝ふきあげ。内二帳敷。間中四方砂まき。一帳敷のこる所瓦にてふち□□爐に釜かけ。通ひ口の内に主人居て。垣に柄杓かけ。瓶子のふた茶碗に丸服部《まるふくべ》を入て。それにこがしを用意せり」「晝前より御出有て。一所も不レ殘御覧ぜし時」「一作。松葉を、かこひ《圍》の脇にてふすべ。其烟立上りしが。秀吉公右より御敷のよしにて一服を御意あれば。其こがしを上奉る。御機嫌殊勝にして。御手に持せられ候白の扇を拝領して。今日一の冥加とぞいひし。又經堂の東の方。京衆の末にあたりて。へ《ノ》ちくわん《觀》と云し者。一間半の大傘を朱ぬりにし。柄を七尺計にして二尺程間を刀《(置か)》き。よしかき《垣》にてかこひ《圍》し。照日《てるひ》にかの朱傘かゞやきわたり人の目を驚せり。是も一入興に入らせ給ひて。則諸役御免を下され」（長闇堂記）と奈良の神主長闇堂の実見記に記されている。秀吉から賦税を免ぜられたノ観が利休を茶に招いて故意に庭の穴の中へ陥し入れて、そして風呂に入らせた後茶を点じた話なども残っているがこれは少なくともおかしみある茶の湯といえるであろう。また悲壮なる茶の湯としては利休自刃の節の別れの点茶の如きがあげられるかも知れない。生活構成であるから悲壮なる茶の湯は結局人生の悲劇そのものである。かくの如き悲劇の真中に、茶の湯が果たして美と調和とを求める芸術として成立し得るであろうか。芝居としての悲劇でなくて現実に身に迫り来る悲しみに面して美的静観性を一般には持する事は出来ない。「心頭を滅却すれば火もまた涼し」という如き禅的超越の心境において初めて成り立つといえるかも知れない。ローマのネロ帝から死を賜った「美の裁決者」（Arbiter elegantiarum）と呼ばれたペトロニュースの最後の宴会の話のように、茶の湯も成立するかも知れない。実際において利休の場合においては茶会が開かれたのでなくて花を活け茶を点じたのみであろうし、またかかる現実の悲しみの席では茶会は不自然であろう。しかしかかる悲劇的最後をとげた利休忌の茶会は行われる。そこに美的静観性を持った悲しみの茶会が成立し得るであろう。

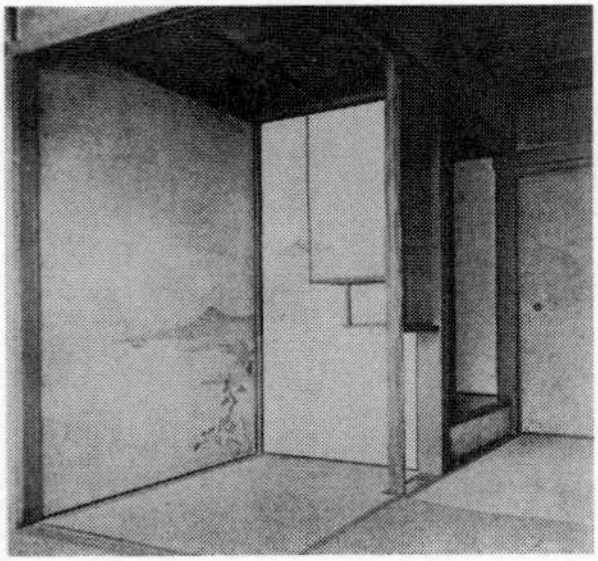

2図　龍光院密壇茶室(桃山時代末期．黒田長政好み)

また静かにして高貴な茶室としては、秀吉の伏見山里の香木の茶室で「四畳半に二畳半とにして、沈香の長木を以て、之れを作る。囲炉裏の縁も沈香にして、焼火などすれば異香四辺に満ちて、心も空になりぬとなん」(茶道美談)

かくの如き話はあるいは単なるお話であったりまた誇張された記述であるかも知れないが、かかる種類の茶の湯の構成も成立し得るという事だけは肯定出来るであろう、また侘の茶以外の茶室の遺構もないではない。例えば遠州の「孤篷庵」の如きまた黒田長政の「密壇の茶室」2図の如きが上げられる。また茶室の数寄屋から影響された待合茶屋や会席料理屋等の数寄屋建築の中にはいわゆる「いき《粋》」なすなわちエロティシュな性質の入った特種な方面へ発達した茶室を見ることが出来る。今京都の高台寺に残っている遊女吉野の一畳台目の遺芳庵は木賊張天井の大きな丸窓、いわゆる「吉野窓」の付いた茶室で吉野太夫のその当時の洗練された「いき」な茶の湯を想像する事も不可能ではない。

かくの如き自由なる茶の湯の立場をしかし金の茶室や香木の茶室を作った秀吉においても自覚していたか否かは大きな疑問である。もし大胆な想像が許され得るならば、彼の自由なる気質が茶の湯の方面へも表われて、かかる茶の湯の可能を偶然実行したというに過ぎないかも知れない。かくの如き自由な立場からは茶の湯が現在二十以上の流派に分かれていてもそれは一つの流派の一分派としか見られないし、また遠州の如き後に「古流ヲ聞出シ吾一流ノ種トシ古道具ヲ集《あつめ》、棚毎ニ錺置《かざりおき》」「偏ニ唐物商賣ヲ見ルコトシ」「初心者ニ面白カラレン、謀《たくみ》多シ。茶湯ノ病ハ此比《ころ》ヨリ發テ猥ニ成シ」（茶譜）と評されたその流派も今述べた如き見方からはなお露地草菴の茶の湯以上を出ていないように思う。

四

茶の湯には一面宗教的な精神修養やまた礼儀作法の演習や他面書画骨董の観賞などの方面があるがまた茶会の如き形式で一つの芸術とも見られる構造をもった一面をもっているが、次に問題になるのは茶室は建築としてそれらの各方面から如何に影響されているであろうかという事である。第一の修養の方面からは能和《クシ》、敬《シ》、清寂《ク》というような概念が茶室に象徴的に表現されるような事が要求されるであろう。礼儀作法の演習として見ようとする事は結局茶の湯が功利的に他の方面から利用されているに過ぎないし、書画骨董の観賞というような方面の利用は茶会の芸術的生活構成の中に摂取してしまう事も出来る一面である。ゆえに茶室は修養としての方面からも表現が要求され、茶会の施設としては茶の湯の芸術的表現として表現が要求される表現建築であるという事に帰するであろう。しかし表現建築は記念碑や墓標にその性格を純粋に表わすものとするならば、茶室はそれ等とは最も縁の遠い性格の建築である。それはむしろ茶の湯という特殊な生活構成の事物的要求を充たすべき目的建築であるというべきであろう。

茶の湯を芸術と見て種々なる表現的可能があるとしても、その例外二、三を残しては現在大部分の茶室はいわゆる露地草庵の茶室であって、建築的形式として、非都市的なすなわち田園的山間的情趣をその表現の主題とした建築がほとんど全部である。

利休の茶の師といわれている紹鷗は新古今集の「見わたせば花も紅葉もなかりけり

浦の笘やの秋の夕ぐれ」[註一五](南方録)という歌をわび茶の露地の心であるとし、利休は山家集の「樫の葉のもみぢぬからに散りつもる奥山寺の道のさみしさ」[註一六](茶話指月集)を露地の理想とし遠州は宗長の「夕月夜海少しある木間かな」[註一七](茶話指月集)の俳句を理想としたという話が残っているから、これ等の歌について見ても彼等を大成者とした茶の湯の茶庭がどういう表現を持ったかを容易に想像する事が出来る。また茶室は草庵と呼びまた数寄屋ともいい「世ノ富賑ト忩々タルヲ遁テ、寒素ニシテ聚《メ》レ螢《ヲ》映《ニ》レ雪、貧乏ヲ樂ミ、山居シテ遣《ル》二世慮一者、世俗ノ眼ヨリ見ル時ハ誠ニ人タル數ノ餘零、數寄者ト云フベシ、數寄屋ト云モ是以推テ知ルベシ」(茶道要録　山田宗徧)と説明されている。事実茶室は草屋根、板屋根、木の丸柱、土の壁、竹組の天井で低く小さい建築であって、その総てが田園山間的要素から成り立っている。この意味で茶室建築は田園山間的であるが、しかしそれは田園山間の建築のそのままではない。田園山間は自然に生い立って形成されたもので、その建築的表われも決して表現意識によって創作されたものではない。田舎家や山家は草で葺くのはその材料が面白いのでなくて、それは自然的に経済的に、時には自分自身屋根職や大工職を兼ねるような建築主によって、また職業的といっても半ばは農業や杣等を兼ねた職業人の技術によって、手の周囲《まわり》にたやすく得られる材料で、時には余りものや、あるいはただの材料で工作された建築である。それは鳥の巣や獣の穴の形成物と同じ過程によって造られているものであって、それ等と等しく自然物といってもいいかも知れない。自然と対立すべき人間の意志の働きから作られたものであるにしても極めて原始的な低い文化の形成物である。田園山間的なものが多くこういう成立のものとしたならば、今田園山間的と述べた茶室建築の成立とは全く正反対の側に立っているものである。

茶の湯は「夢窻國師右の臺子を以て茶之湯を始め、夫より世上へ廣まると云へども輕き者取扱事なし、尊氏公三代鹿苑院義滿公慈照院義政公此二代茶之湯専發向す」(続視聴草)、この如く発達して、茶室建築はその当初から支配階級のその当時における最高の文化の中に育てられ発達している。またその盛時においてはその当時の商業都市である堺及び博多において最も盛んであった。堺は茶の湯発達の初めの有名なる茶人篠道耳を初め北向道陳、武野紹鷗、千利休等々を出しているし、博多からは島井宗室や神谷宗湛などが出ている。また堺には現在利休好みの茶室実相庵があり博多には秀吉が征韓の時名護屋の本営に滞在した時茶をのみに行ったという湛浩庵(3図)の如きが現存している。この如き事実によって茶室建築は文化的階級の要求と都市生活者商人階級の要求とによって発達したものといえるであろう。この意味で茶室建築は田園的山間的要素から成り立ってはいるがしかし文化的都市的なものであるという事が出来る。それは現代都市生活者が田園趣味を求めるようにその当時求められたものであるとも考える事が出来るであろう。しかしそれよりも重なる理由は、茶の湯が当時の支配階級の間に一つの文化様式の一形式として流行した時にその当時の町人であった恐らく

3図　湛浩庵(桃山時代．神谷宗湛好み)

は富裕な活気のあった階級がそれを採り入れることは最も自然であったであろう。しかしそればかりではなく、彼等の商業特に支那朝鮮南蛮等の地方との取引であり、茶の湯流行と共に異常な熱心を以て高価をもいとわず求められたその器具は彼等の貿易地のものであり、それを輸入するのは彼等の手によってのみ行われたのであるから彼等がそうした利益を得る事のためにも茶の湯を理解することは最も必要であったとも考えられる。茶の湯に田園的要素があるというのはただ建築庭園及び茶器の一部のみであって他はすべてその反対側にある。茶は古代は薬用と考えられた事が伝えられているが、それが嗜好となってからも番茶のように煮る事の方が先に表われそれが発達して挽茶の如きものが出来たであろう。茶を煮れば簡単に飲めるものを重い緻密な質の石臼で粉末にして、それから湯を入れて茶筌で攪きまわし泡立たせて飲むというような事は決して田園山間的ではない。また茶の湯の立て方に厳格な形式を作ってまた形式を遵法するというような仕方はなおさら田園的ではない。茶そのもの、及びその茶の立て方等がかく非田園的非山間的であるのに如何にして茶室や茶庭のみが田園的山間的となったであろうか。この問題に答える事は容易ではないが、その主なる原因は、文化階級が非文化的な原始的なものに興味を持ちそれを何等かの形式でその生活に摂取する場合には、多くそれに関係する彼等の感覚のうち一般に下級な感覚といわれている味覚臭覚の如き活動の野の狭いものにおいてはその原始的なものを摂取する事が出来ないで、広い活動の野を持つ視覚においてまず最初に摂取される。こんな理由によって茶の湯は美的静観性を保持し得る庭園と建築にのみ原始性が表われたとも考えられるであろう。しかしそれも一部を説明はしているであろうが一層大きい原因は、茶の湯が禅宗というような時代的宗教を背景にして出発して来た事にあるであろう。

　珠光が義政の命を受けて「能阿彌、相阿彌立合、臺子、長盆、臺天目の茶式を定められ」(貞要集)「珠光臺子之眞行草茶之湯之法式撰極る」(続視聴草)その頃の茶には恐らく田園山間趣味はそんなに露れてはいなかったであろう。珠光の茶室は「四疊半の座敷は珠光の作事なり、眞座敷迚《とて》鳥子紙の白張付杉板の縁なし天井小板ふき寶形造、一間床なり」(南方録)と記されているところを見ると少しも田園山間的ではない[註一八][4図]。また義政が最初の茶室としたと一般に伝えられている現在の銀閣寺の東求堂は極めて厳めしい感じのある書院造風の建築であって、珠光が義政に茶の旨趣として答えた「謹也、敬也、清也、寂也」(茶祖伝　巨好子)の言または「能和、能清、能寂」(茶人行言録

４図　東求堂茶室（室町時代．足利義政の茶室という）

藪内竹心）などの言の中にはあの東求堂の如き建築と不調和な意味は少しもない。「謹み」や「敬ひ」は対人的で結果として「和」であって、清と寂は対物的な情感的方面を述べているのであろうが、その当時においても清という思想の中からは田園的な泉や山間的な「岩ばしる垂水」を連想するであろう。庭園となってはあの東求堂の庭の清水をあるいは庭に敷かれた白い砂をあるいは山裾の樹木の間の空気（風）を連想するであろう。それが建築となっては決して草屋根や触れれば落ちるような土の壁や塵埃の積もりやすい丸竹の露出した天井等は考えないで、東求堂や前記の珠光の四畳半のように白紙張の壁で節無しの天井で、檜皮葺や板葺となった方が遥かに清潔に保ちやすいことを考えたであろう。寂という中には田園的な山間的な感じを持ってはいるが山裾にあるあの東求堂も充分にこれに当たると考えていいであろう、「珠光被申候ハ。ワラ屋ニ名馬ヲツナギタル好ト舊語ニ有時ハ。名物ノ道具ソサウナル座敷ニ置タル當世ノ風體。猶以面白歟」(茶器名物集　瓢菴宗二)の如き言によって珠光の住んだ珠光庵の建築が草屋根であり田園風であったという想像はあるいは許されるかも知れない。しかし義政初め御幸まで仰いだという珠光庵は侘の茶室程に田園風であったかは疑問であると思う。しかし「能ク寂」という中にすでに侘の茶の思想は含まれているであろうしまた義政がすでに台子の茶の湯の同朋として能阿弥を用いている上に珠光を呼んだことは珠光にすでに台子の茶より異なった茶の湯の思想があったという想像も自然である。彼の相続者宗珠に到っては「御歸路之次、宗珠茶屋御見物、山居之體尤有レ感。誠可レ謂二市中隱一當時數奇之張本一」(二水記)の如くすでに山家のような感じの茶室を持っていたように記されている。時は天文元年(享禄五年)で利休の十六歳の時であるから利休以前にある程度まですでに田園山間風になっていたようである。「紹鷗といひしもの。昔の作法をやはらげ。上中下あひかなひぬる様になせり」(喫茶雜話　茶竹子)、「紹鷗に成て四疊半座敷、所々改《あらため》。張附を土壁にし、木格子を竹格子にし、障子の腰板をのけ床の塗縁を薄塗又は白木にし是を草の座敷と被申し也」(南方録)の如く紹鷗になって土壁や竹格子が出て来て、利休になって初めて「鷗に談し草茨の貳疊敷を作らる、是露地草菴の最初なり」(喫茶南方録)、また「昔ノ松角柱ヲ立シヲ、松ノ皮付柱ニ仕替、又ハ杉丸太ヲ立、端板ヲ取テ、座中床ノ中マデ壁塗ニシテ、其壁ノ上塗土ニ、長スサト云テ、四五寸ホドニ藁ヲ切リ朽ラセ和《ヤワラゲ》テ土ニ塗コミ壁ニサビヲ付ルト云テ、黒クフスモルヤウニ見セ、葦ノ皮付ヲ以、壁下地ニシテ窓ヲ塗アケ、天井ノ鏡板ヲ取テ、蒲《がま》ヲ編テ張、青竹ノフチヲ打《うち》、天井ニ用ユ、又ハ杉カ弱檜木《サワラ》ノ長片板ヲ、幅一寸バカリニシテ少黒ク色ヲ付、網代ニ組テ天井ニ張、女竹ノ皮ヲ取、二本宛ナラベテフチニモ打、又青竹一本宛モフチニ打」、「茅葺竹椽《タケタルキ》ニシテ庇ヲ付、座中其庇ノ所ヤネウラ《屋根裏》ニシテ突上《ツキアゲ》アリ、此庇ハ木ノ皮付杉丸太ノ椽《タルキ》也」(茶譜)の如く全く詳細部に到るまで現今に見る侘た草庵の茶室になった。かくの如き茶室建築の表現たる「わび」が、鎌倉時代から絶えず宋時代の文化として牧谿や梁楷等の絵画が、禅宗的語録の書がまた禅宗の寺院の林泉が、脱俗的とか、洒脱とかいう語の持つ意味の表現として入って来ている、それ等の空気の中から生長して来たのである。利休が「侘」をとなえたのはいわゆる織田豊臣時代で、侘の反対である桃山時代の絢爛たる文化の時代である。利休が「桃山、聚楽の豪奢を極めた秀吉以上の美しい生活を、四畳半裡の茅屋に見出し、欠茶碗、竹篦の侘しい形の中に見出したのだと思う」(茶心花語　西川一草亭氏)とは否み難い推論であるであろう。利休の如き性格の持主、それは秀吉の勘気を受けて自刃する時に「人世七十。力團希吐。吾這寶劍。諸佛供《ニ》殺《ス》。提《ひっさぐ》るわがえぐ足の一つ太刀今この時ぞ天になけうつ」（茶話指月集）の如き辞世を作った七十余歳の老人とは考えられないような覇気の強さにもしのばれるであろう。またその原因になったといわれている大徳寺の山門に自分の木像を置いた事や、九輪のついた類のない塔形の石碑を自分の墓石に見立てたという事など、茶人、数寄者、佗人らしくない事をする利休の如き性質の持主は、信長や秀吉の如き、強い天才的英雄のいわゆる豪華というような形容詞にふさわしいポリクロムな桃山芸術に知らず知らず反感を持って、茶室の佗を自然に求めるに到るであろうという推理はまた自然であるであろう。またこれは利休一人に限らず社会一般が前にも記したように華麗なものを時代文化の主調として求めている反面に物静かな閑寂なものを同時に求めるという事もまた自然な傾向であるであろう。

以上のような理由で茶室は文化的でありしかも都市的ではあるが、その表現は全然対立的な田園山間的に表われたものであると考えられる。

五

茶室は建築としてその材料的方面や構造的方面あるいは衛生的設備的方面から見る時、それはただ単純な原始的な工作物を見るに過ぎない。しかしこれを造形的な美の方面から見るとき極めて高い程度に発達した美しさの完成を見る事が出来る。もしも茶の湯を芸術として見ようとする立場に立つ時は茶室は建築として特殊な位置を持つ。それは茶の湯に依存するために独立した建築でないという事である。そのために建築自身を取り出して考察する事は不可能でないまでも正当な理解を持ち得ない場合が多いであろう。例えば茶室の茅屋根はその保温的材料としての茅が屋根材料として適しているという如き生活的要求からなっているのでなくて、それは侘、寂、数寄の感じを茶の湯の主調としようとする要求からである。「利休流ノ路地ハ、在郷ノ側ニ、古森ノ陰ニ、隱遁者ノ菴室ヲ仕テ居ルト見ルヤウニ藪ヲ植、細イ道ヲツケテ、竹ノシホリ戶或ハ猿戶ヲ立、侘テ靜カナ體ナリ」(茶譜)の如く、総て描写である。そのところには庭園にも建築にも茶の湯の芸術性が支配している。茶の湯としての制約は一般の建築が受ける生活的制約と似たものがあったとしてもそれは茶の湯という自律的な芸術から支配されるのであって、表現的には大きい意味の差がある。例えばパルテノンを建築的美の方面から見るという事と茶室における場合とは、前者の美は第一次的であるが、茶室においては第二次的である。パルテノンの美は建築の目で見る事で充分であるが茶室の美は茶の湯の目で見なければならない。建築の目で見ての宜しさが、茶の湯の目で見て必ずしも宜しいとはいえないであろう。これは演劇における舞台装置の如き位置である。舞台の中の家は演劇上の効果の増加に関与する限りにおいてのみその家は建築的に考慮されるに過ぎなく、またそれで必要にして充分であろう。茶室についても同じである。茶の湯に関する限りにおいて、建築が求められるのである。茶しかしそれにもかかわらず私は今ここで建築の立場で、建築の目を以て茶室に対しようとしている。それはここでは茶の湯が芸術であるか否かというような問題の中に陥るのを避けたいためと、それから茶室の美を建築の形態の美として、茶の湯から離れて、普遍的な美を見ようとするからである。その普遍的な美は茶の湯の側から見ても美であるであろう。しかし茶の湯の側からのみ美しいもの、もしそんなものがあるならば我々の目には留らないであろう。茶の湯の側からのみ美しいという如き事が実際茶器の中のある特殊な器具にないとはいえない。また茶室の中の柱などに、その柱がかつて樹木としてどんな所に生えていたであろうと、また如何なる人の生活がそれに関連していようと、それはただ柱として美しくあるいは無表情に構成材としてのみより目にはうつらない。しかし茶の湯としてはその柱にまつわる話題はまたゆかしい情調を作り出す価値ある一つの特殊な存在であるであろう。また多くの茶室の如く二坪内外の室は数人を収容する室としては空気容積の不足が、「夏は如何にも涼しきやうに、冬は如何にも暖成やうに」(南方録)窓や入口によってかなりに通風が考慮されてはあるが、木炭を使用する炉がある事を考えて見る時、衛生的欠陥がないとは断言出来ないであろう。これらの事が茶の湯として如何に肯定されようと、茶の湯を離れた立場からは是認出来ないであろう。また一国の領地と換えるほどの茶人もかくの如き立場からは、それは茶室との美的調和という関係においてのみしか見られないであろう。美的調和ということのみから見ればその如き調和も、もっと手に入りやすい他の物にて充分にあるいはそれ以上に充たし得る事が可能であるように思う。器物の売買的価値はその美的価値には何の関係もないが、かくの如き売買的価値を持つにいたった事実によって茶の湯の特異な性質を、また人に働きかける魅力の大きさを考えさせられるのである。かくの如き立場で、勿論茶の湯の事物的要求条件は考慮に入れられるのであるが、かくの如き立場で茶室を考察してみようと思う。

茶室建築の総ての方面に一貫して表われているのは反相称性《シムメトリ》である。これは「同意を嫌ふ事」であり「不同の理」(茶之由来　堺宗朴著)と説かれている思想の顕現であるであろう。一つの線あるいは面に対しての左右相称の均衡は建築に対する著しい普遍的な傾向であって、中世期のゴート式や城の建築にいくらか相称的でないものも表われてはいるが、特に古典的なるもの、記念性《モニユメンタリテート》を持ったものには著しい特徴であるといっていい。印度や支那のいわゆる東洋建築においてもまたその一分派である日本建築においても等しく左右相称形である。

相称的形態は端正である。それは固き強き均衡、不動の形である。もし運動を考え得るならばそれは相称面に平行なるただ一つの前後運動であり、しかも直線運動である。視覚的に要約すればそれは形態の厳格な安定である。その運動が相称軸面の直線運動であるために、かかる建築に達する道路計画は軸を貫く直線道路が最もそれに適当し、並木や列柱がそれを一層効果あらしめる。

これに反して非相称形態は、不安定であり、運動であり、しかも曲線の運動である。

しかしかかる非相称的形態は、線、面、立体としてもそれが、量的均衡を保った場合においては、不安定は逆に如何なる方面に対しても、それは絶対に運動をもたない安定となる。もし何等かの方向における量的均衡を破壊したときは複雑な曲線を持つ運動を感ずるであろう。

数寄や侘や寂の茶室が、すなわち「物の備らざる形」と同時に静かな動きのない形を要求される建築が非相称形態をとる事は最も自然な帰結であるといっていい。そしてそれに通う道路が飛石の如く断続的で曲がっている事も前記のような非相称形への運動からも理由付けられるように思われる。かくの如き非相称形は「茶の本」などに禅宗思想の現れとも考えられているが、しかし私にはその思想によって助長されはしたがその根幹は古く民族性に根ざした特殊な好みであるように思われる。

我国の建築において非相称主義の顕れはまず第一に出雲の大社である。

この建築は「天神《アマノミ》御《コ》子《ノ》之天津《アマツ》日《ヒ》繼所知之《ツギシロシメサム》。登陀流《トダル》天之《アマノ》御巣《ミス》」(古事記)の如くに造った日本における最初の記念性を帯びた、「於㆓底津《ソコツ》石根《イハネニ》㆒。宮柱《ミヤバシラ》布《フ》斗斯理《トシリ》。於㆓高天原《タカマガハラ》㆒氷《ヒ》木《キ》多《タ》迦《カ》新《シ》理《リ》」たる大建築であるが、現今の建築は後世のものでプランのみは原型を備えていると考えられている。それは相称性を破った住宅のプランの如きものである。

　かくの如き記念建築にさえ表われたこの非相称性は後に明瞭に発展した民族的な好みの顕現であるように思う。これはまた次に大和の法隆寺にも表われている。伽藍建築は全く相称主義に終止している支那建築を朝鮮を通して受け入れたのであるが、その配置において、南大門、中門を貫く直線上に多く左右相称的に配置されるのであるが、それを金堂と塔婆の如き平面的にも高さにおいても量的に非常に差のあるものを左右に並べて配置した太子流は、その当時の文化の中心学問寺という如き記念性を帯ぶべき建築において行われているのであるが、ここにも同じ民族性の好みを発見する事が出来るように思う。そして今、茶室によって、この好みはあらゆる方面に洗練され完成されたと考えるのである。そしてそれは日本住宅の総てに影響を及ぼし、諸種の装飾や模様と共にいわゆる日本風として完成されたのである。この意味で茶室は日本らしい建築の一面の完成であるといえるであろう。

　先に茶の湯と禅との思想的関連を述べたが、この茶室に表われた反相称性から建築上においては禅宗建築との影響がほとんどないといっていいであろう。禅宗建築は様式として唐様《からよう》であり厳格な最も著しい相称主義の建築である。茶室の始めといわれる東求堂はその近くにある銀閣が華頭窓などが使用されて、唐様系の建築とされているために唐様系に見られているが、しかし唐様の特徴はほとんどないといっていいであろう。柱上に舟肘木が使用されている柿葺、廻椽付のむしろ和様風な外観を持った寝殿造風書院である。この東求堂から珠光庵に到り紹鷗の茶室を通って利休の草菴になるまでに、あらゆる建築様式的な伝統を完全に捨ててしまったと考えられるであろう。かえって茶庭において使用される太秦型灯籠や平等院型灯籠などの和様式のものさえ使用されているといっていい。

また茶室の正式とされている四畳半が禅宗の経典維摩経の中の維摩詰の方丈に象ったという如き概念的な遊戯がその当時から行われていたとしても利休にとっては「三疊の向爐是草庵第一のすまひなるべし」(南方録)であって「四疊半にもなりては又一向の草菴とは心もち違ふ」(南方録)のであった。要するに茶の湯と禅宗との関係の深いのにかかわらずかえって、茶室は禅宗建築との類縁は様式的にも思想的にも極めて少ないといっていいであろう。勿論西芳寺内の茶室松庵の如き稀な例外はあるが。

この反相称性が線に、面に、立体に顕れるのはそれ等の線や面や立体の中心、中心軸、中心平面が一致しないで、ある「ずれ」を持つ事に帰する。また各が不正形的形体を取る事もある。それは歪める線や斜の面や凹凸のある空間的立体になる事にある。しかしかくの如き視覚上のみの傾向は、一面それを制御するもののない場合は全く無秩序に陥るであろう。これは茶の湯の動作が、日常の自由なある意味で乱雑な行動に比して甚だ整然とした規格に宛て嵌められているのとは全く反対に、一般にその時代の建築が既存の様式を遵守し、木割法を過重した(東山時代桃山時代にはまだ後世の木割法の如きが完成はしていなかったであろうが)にもかかわらず非常に自由なものであった。そしてそれが無秩序に陥らなかったことはこの厳格な形式の茶の湯の施設としてのみ、常にそれに依存していたからであるであろう。すなわち茶の湯が人の動作、主として手の動作に基礎を持ち、その自由な行動も自然に局限されているために、また茶の湯が畳と離れ難い関係を有しているために、その畳の規格によって、茶室が無秩序に陥る事を救っているであろう。

次に茶室建築の特徴はこの反相称主義の必然的帰結として構成的である。建築に表われる線と面と量とによる比例の世界において本来動的なものを構成的均衡によって生ずる安定の中に、茶の湯の侘しい感じや静かな感じの要求と調和を得ているのである。

次に建築の表現法が構成的であるために、また必然的に材料的に多素材主義である。多素材において初めて構成的効果が現れるからである。例えば構造材としての柱について見ても木材と竹を同時に使用し、また木材にしても、檜や杉の面皮材や松やコブシの皮付のものをまた時には竹などを混用し、また柱が壁の中に全く塗り込まれてしまうようなものや、壁の五尺程の上の方の途中から一部見えて来るいわゆる「やうじ柱」[註二]や、また全部露出している独立柱や、曲がった皮付の柱などが同時に使用される。また天井の仕上材にしても、板材や皮付の丸物や丸竹や葦、木賊、土等々が同時に種々組み合わされ混用されるのである。これはまた材料そのものだけでなしにその形においても同じく現れている。

次に色彩であるが、茶室建築の思想である侘は、寂は、自然に反多彩色主義《アンチポリクロミー》である。しかし単色主義では決してない。茶室に表われた色彩は総て物体色で、中和的な沈静なもので、穏かな灰色であり、暗褐色である。大きな面をつくる壁は多くの場合、酸化鉄を含んだ土であり、時には鉄屑さえ入られる。天井その他はすべて材料それ自身の色彩であるが時には「黒くふすもるやうに見せ」「小黒く色を付《つけ》」(茶譜)る事もされるし、また床《とこ》框や炉縁には漆が塗られる事もある。[註二三] しかし全体がかくの如く暗色のみでは暗いので、最も色彩らしくない白色が、障子の紙や通口の太鼓張となって使用されて、しかも常に白く新しく保つ事がそれは清浄の象徴として要求される。次に明るいのは畳である。木や竹や網代で出来ている天井は葦を織った畳の床面に比してかなりに暗いのであるが、この天井と床との明暗関係は外国風の建築とは全く反対となる。しかし茶室における床の明るさは大きい理由がある。茶の湯の見るべきは炭手前や点茶手前であり、その道具の配置である。床面上に展開された「見立て」と「取合せ」による物と物との関係に最も重きが置かれている。ここに床面の明るさの要求と床面への注意の集中が建築的に要求されているのである。この要求を充たすためには床面は壁よりも天井よりも明るい必要がある。またこれと同じ要求から必然的に茶室全体の色彩計画において反多彩色主義になるものである。

六

茶室建築において何が一番多く研究され工夫されているかといえば、それは平面計画といえるであろう。今までの中に如何に変化し如何に多くの変化が考えられたかは驚くべき事である。

四畳半以下の室で総坪数三坪に足りない小室が、床の間と炉を中心にして百に近い変化ある実例を持っている。炉一尺四寸角[註二三]と畳約三尺に六尺[註二四]の長方形との組合せで、点茶手前の右勝手と左勝手（逆勝手）の二つの種類とで組み合せられる形はそんなに種類は多くない。そこで地板（板畳）、及び中板[註二五]と称する板を畳の中間や端に入れて敷く事を考え出している。そのために平面の上の変化は非常に異なった形を作ったしまた一面平面上の視覚的の効果を豊富にした。また畳にしても三尺に六尺内外の如き規範的なものの二等分を作る事は勿論、その四分の三ほどの大きさの台目《だいめ》畳（大目畳）[註二六]と称するものを考えている。茶室内では畳及びその畳目で総ての位置が定められている。正式四畳半では「床の間」の前を床前畳（あるいは貴人畳）、客の坐る所のを客畳、茶の道具を置きまた飾る畳を道具畳、炉の切ってあるのを炉畳、また勝手口の所を踏込畳と呼ばれて、四畳半以下ではそれ等がいろいろに便利よく兼用される。これらの畳と中板及び地板と炉とそれに客入口（躙口《にじりぐち》）と勝手口と床の間との種々なる組合せで複雑なプラン上の変化を作ったのである。

東求堂の茶室の創めと称せられている四畳半の室の平面は四畳半を敷廻しにして、

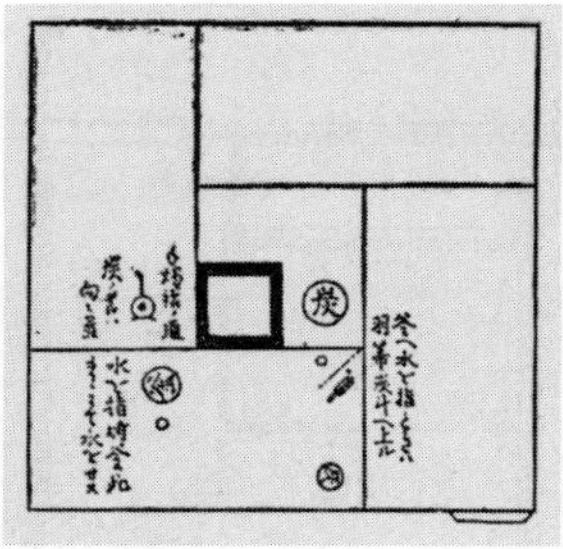

5図　四畳半畳敷方と炉の位置

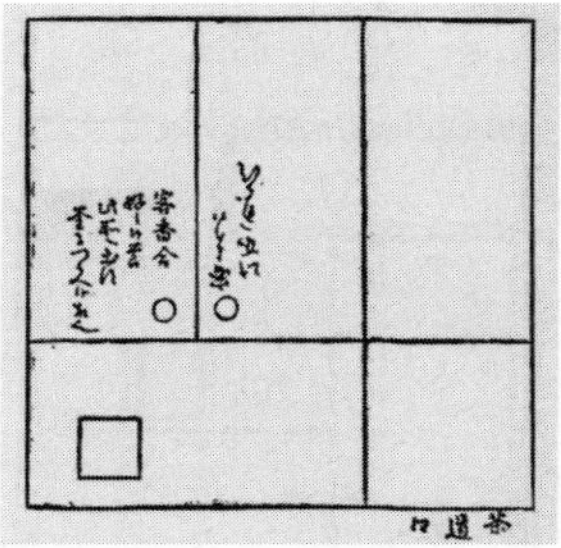

6図　四畳半畳敷方（風炉の場合）

現在の如くでなく、中央に炉を作ったと考えられている。[註二七] それは天井中央部に残っている蛭釘（蛭鐶）によって想像されている。四畳半敷廻しでは平面的に卍形であって、半畳を中心にしての渦巻の拡大され行く形で、その形の感じは絶えざる動きである。視覚的に不断の動感的刺戟は静かなる室内の要求とは相容れない。そこで一般には一尺四寸角内外の炉であるから自然中心を避けて切るので、その炉の凹みは特殊な中心となって平面上の卍形の印象を破壊して渦旋的動感を消滅させている。[5図] しかしこれが五月から十月までの温かい季節になると炉を使用しないで風炉を用いるため、自然炉は止められるので、このたびは畳の配置を全然変更して、半畳を勝手口の隅に敷く事によって平面上の卍形を避けている。[6図] また三畳の室にても特に石州好み三畳の茶室[7図]の如きは

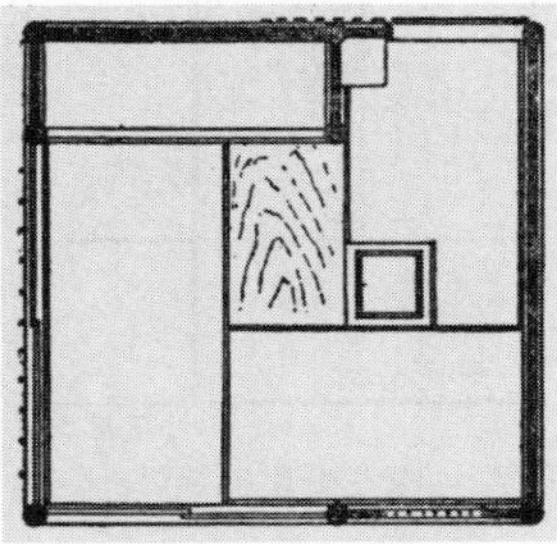

7図　石州好み三畳（炉の場合）

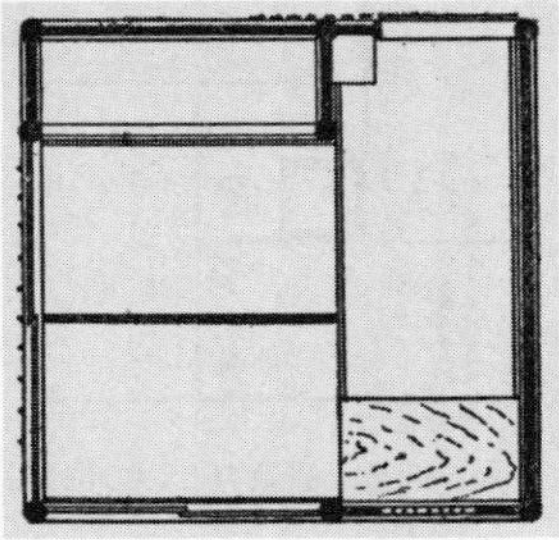

8図　石州好み三畳（風炉の場合）

床の間及び地板の関係で炉のない場合は卍形をなすものは中の地板の位置を風炉の場合は変更し畳もまた敷きかえる事[8図]を定めている。かくの如き畳の配置、地板の敷方変更は何故であるかの説明を聞かないが要するに卍形の忌避でなしに卍形の持つ渦旋的動感の忌避がこういう習慣や規定を生ぜしめたと考えるべきであろうと思う。何となれば茶の湯においては卍形はその動感が茶室の静謐を破らない程度の小さな紋様[註二八]や炉縁や庭園内の長く落ち着く性質を持たない腰掛[註二九]などには表われているからである。

　この卍形の動感破壊の技巧が、炉の場合のその位置においても風炉の場合における畳敷においても結果としては物の中心を避ける事によって行われていて、反相称性と同じ顕れとなって

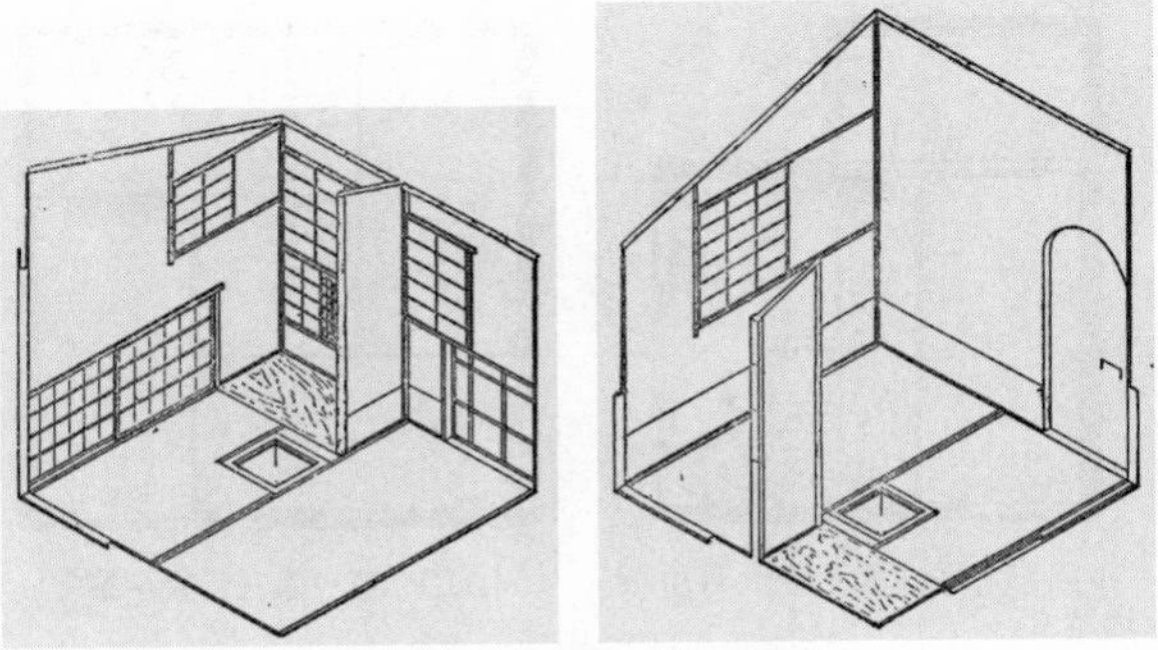

9図　今日庵内部(千宗旦好み)

いる。反相称は床の間や窓や入口の配置にも顕れている特殊な茶室としての利休堂(裏千家)の如きも、利休像の安置される龕さえも中心を避けて一方寄に配置されている。この反相称性は室空間となってはその正方形や長方形の忌避となって顕れている。そのために床の間の空間を最もよく利用している。またその特殊な技巧として一部に壁を作り出して中柱[註三〇]なるものを立てる事を考案している。それは炉の隅近くに立つ柱で後には曲がり柱である事が多い。宗旦の好みの今日庵[9図]の茶席における正方形に近い形であってしかも「床の間」のない室空間はこの中柱と壁とのみによって、正方形の中心を壊しているのである。またこれは炉先の向板によって畳二畳敷の平面的正方形感をなくしている。また

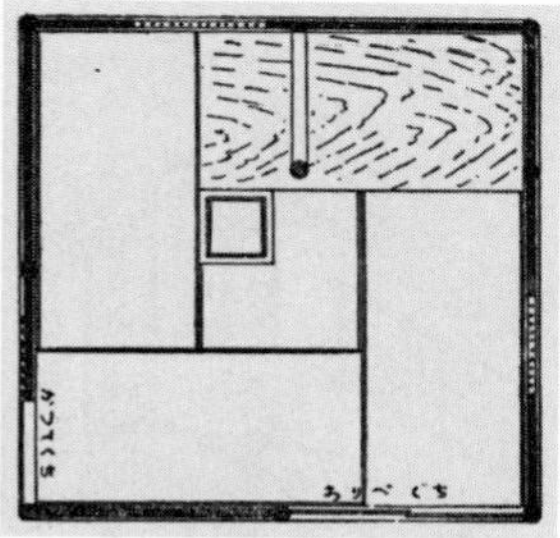

10図　原叟宗左三畳半茶室

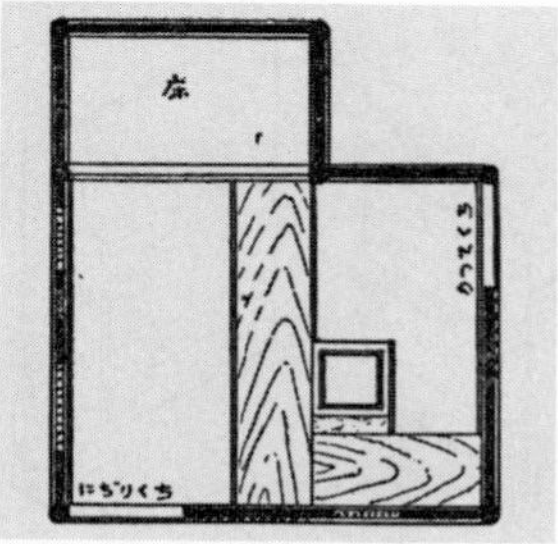

11図　宗旦好み一畳大目中板の茶室

原叟宗左三畳半の茶室10図の如く方形の平面では「床の間」が地板となり床柱が中柱の如き作用をなしている場合である。また宗旦好みの一畳大目中板の茶室11図の如きはこの中柱の如き床柱もなくなった場合である。かくの如き場合には中板を大胆に中心に入れて平面的に二分して、それが相称軸にならないように地板を使用し畳を大目にし、それに炉を切り込んで平面上における二次元的効果とこの反相称的形を構成している。この茶室は天井においてもその用意がされて、水平の面を作らず、一方より化粧屋根の葺下しの斜面ばかりから成り立っている。これと同様の平面を持つ啐啄宗左の茶室では中板に平行に天井に下り壁を作って一間を斜面にしている。

茶室内における室空間の正方形感の否定は中柱

に曲材[註三二]を使用[12図]する事によって最高調に達したといってよいであろう。中柱の立つ位置はまた反相称的に室の壁のいずれかに片寄ってとられるのが普通である。これが中央にとられた利休好み板入三畳の例外な図面が伝わってはいるがまた同じく中柱が中央にとられた道安好み台目切三畳の茶室では一方の壁付の所に三分の二の華頭口をつけ三分の一の壁を残す事によって柱の中心の印象を起こさないようにしている。この中柱の取扱いでなお変わった極端なものは、例えば宗徧好み三畳[13図]の茶室の如く中柱を約

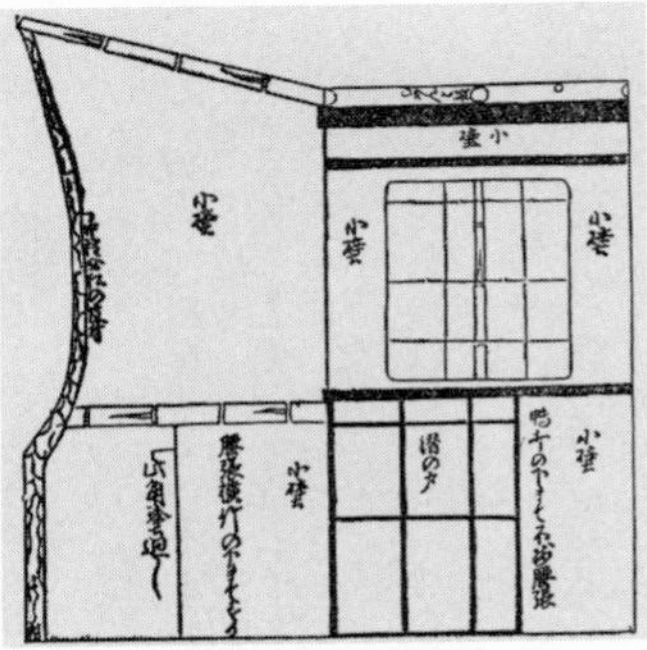

12図　中柱（利休茶道具図絵による）

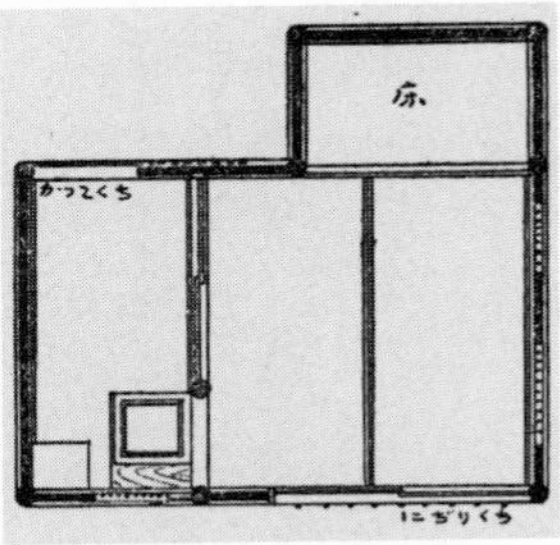

13図　宗徧好み三畳茶室

三分の一弱の位置に立てその広いあき間三分の二強の方に襖をつけたと見られるもので、あたかも二室に区切られたようになり、一方の狭い二尺ほどのあき間と内法《うちのり》上の空間とで一室の連絡をしているような室になったものもある。またその襖が壁になり華灯口にさえなった澱見の席とか皆如庵の如きものさえ生じている。[註三三] そして遂には不白好みの白蓮庵や原叟宗左の三畳向切の席の如く茶を点ずる室と茶を飲む室との二室になったとも考えられるほどに連なりの空間(約二尺角内外)が小さくなってしまった茶室さえある。

反相称思想はまた窓について見ても著しく顕れている。例えば色紙窓[14図]と称せられて、その位置、その大きさは勿論、その窓の中の竹や葭の下地などの組入れ方など、また一般に使用されている道安好みの戸という躙口の戸(潜の戸)[15図]の桟の如きものである。また窓については、在来の日本の建築とは全く違った取扱いをしているものが多い。窓は第一の目的として光線を採り入れ同時に通風換気のためであるが、日本の住宅においては、それと同時に外部の庭園や景色を眺める事に大いに心を用いているといっていいであろう。しかし、茶室においては光線と換気のみでほとんど庭園を見ない。庭園は露地として大いに関心を持っているにかかわらず、その庭園を室からは見せない。そのために柱式の建築というより壁式の建築に近い感じを出している。この事は茶室の如き小容積の室空間の狭隘さを視覚上比例感覚によって感ぜしめないような用意がかの躙口と同じく使用されていると思われるのであるが、またこれによって室の独立性を明瞭に印象させ、そして茶室以外に注意を向けないように心を落ちつかせる

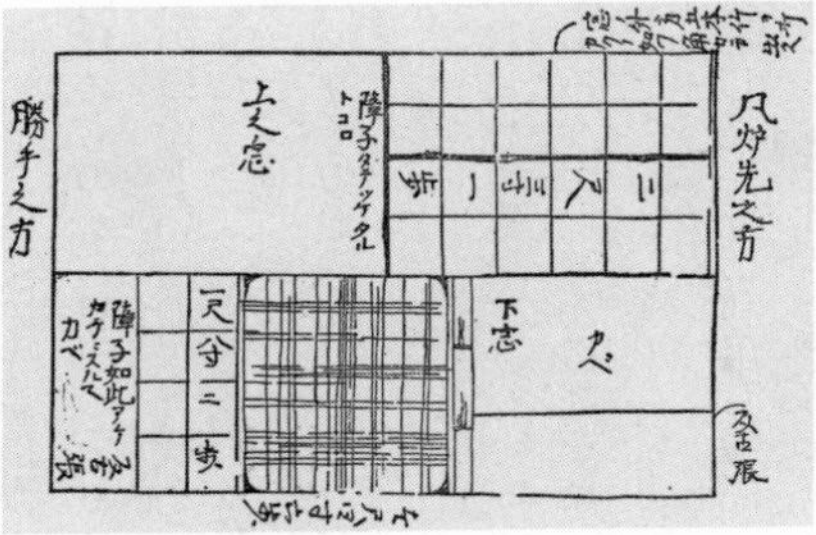

14図　色紙窓の図(茶之湯三伝集による)

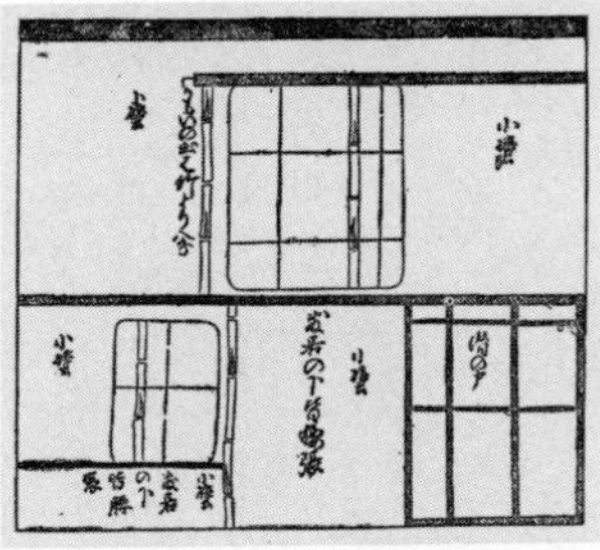
15図　躙口の戸(潜の戸)及び窓
(利休茶道具図絵による)

と同時にまた茶室の光線計画上の必要からでもあるであろう。下地窓や躙口が田舎屋の同様のものから思いついたといわれているが、かくの如き壁面の使用は、もはや田舎家の模倣という如き動機から遥かに離れた茶の湯的な要求として、茶室建築に実現されているのである。勿論、四聖坊の四畳半茶室とか湘南亭とか清漣亭とか等々の例外がありその他織部口の付いた茶室の例外は多いがまた織田頼長（道八）の茶室の如く「床《とこ》の壁をきりぬいて窓とし其まわりを表具の如くにはらせ其窓より八幡山、淀川を見る様に作り懸物のかはりにせれらし」（茶湯古事談）という如き奇抜な思い付きもあったであろうが、窓から庭を見ないという事は茶室内の効果を増す事は否定出来ない事実である。またその外にもなお理由がないではない。それは庭は茶会の始めにすでに露地として充分に利用し観照し、雨天の節でも庭から茶室に入るのであるから、中立《なかだち》の後になお腰掛けて待ちながら充分庭のみを観照するのであるから、庭はそれで充分であるはずである。それ以上なお庭が見える事は茶会の芸術的構成の印象を散漫にして纏りを少なくする恐れがあるであろう。茶室内には庭以外の他の事象が待ち受けていて、茶会としての中心であり、最後の高調に達する人巧の世界が庭と全く絶縁して展開されるのであるからである。

茶室の窓の特殊はなお他にもある。それは形の小さいことと数の多い事である。三畳台目の室に八個の窓を有する如き小堀遠州の「八つ窓」の席とか、同じく三畳大目の茶室で九個を有する織田有楽好みと称する春草廬(九窓亭)とかまた同じ大きさの金森宗和好みの六窓庵等という如きが現存している。また最も特殊なものとしては「突《つき》上《あ》げ」[註三四](衝上)[16図]と呼ばれている天窓がある。これは屋根の雪を見るために北向道陳が初めて造ったとか、秀吉が松の木を見たいため利休に工夫させたともいわれているが、これは天井の葺下しの斜めの面に取り付けられているために光線を立体的に採る事が出来る。これは光線的構成における反相称性の顕れだとも考えられる。これは暁の茶会には暁光がここから採り入られて光線効果を一層多くするといわれている。これはまた炭火による有害瓦斯の排出にも有効であるから幾分またこういう意味でも取り付けられたであろう。

16図　桂離宮松琴亭茶室(小堀遠州好み)
突上げ

窓は小さく下地窓や櫺子窓《れんじ》であって、それに間隔の細かい骨の紙障子が取り付けられるので、相当に光度は弱められている上に、茶会では多く簾をかける。茶会におけるいわゆる「陰の席」と「陽の席」とを計画的に作る。多く初め陰であって後入りの時に櫺子窓や下地窓の外の簾を取りはずし、櫺子窓も明けて陽にするようである。註三五「晝の會には、あかりつよき方の窓に必簾懸け、それにてもあかりつよくは戸を立《たつ》べし」(茶道便蒙抄 山田宗徧)の如く日中に戸を閉める事まで考えている。

天井は一般に建築として生活上の事物的制約の少ない面であって、最も多くの技巧が施され得る面である。茶室は面積としては非常に小さいにかかわらず天井の変化は在来の日本建築の如何なる大広間よりも複雑な例を持っているであろう。利休好みの山崎妙喜庵17図の待庵の如き二畳敷で床の間を入れて一坪余の室内の天井を三つの面に仕切って、最も大きい面を約三寸くらいの勾配の傾斜面にしている。註三六これは室空間の正方形中心を作らないことと、天井そのものの相称軸の破壊にも役立っている。これは田舎家の天井の庇などの造り出しがそのまま天井になっているところなど佗しい面白味を採用したに相違ないが、その構成的結果は反相称性の表現となっている。これは単なる田舎家の模写のみからではないであろう。田舎家ならば大きな梁が曲がりくね

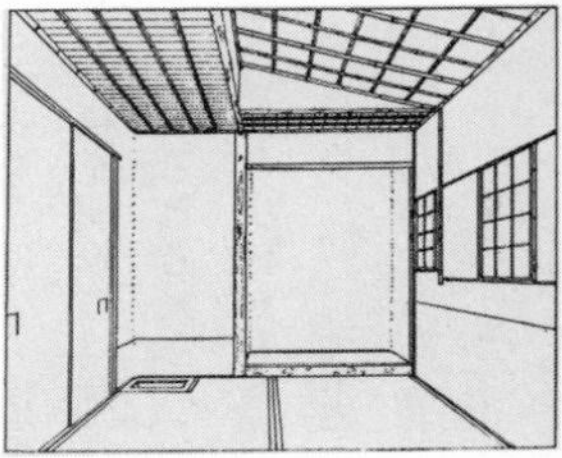

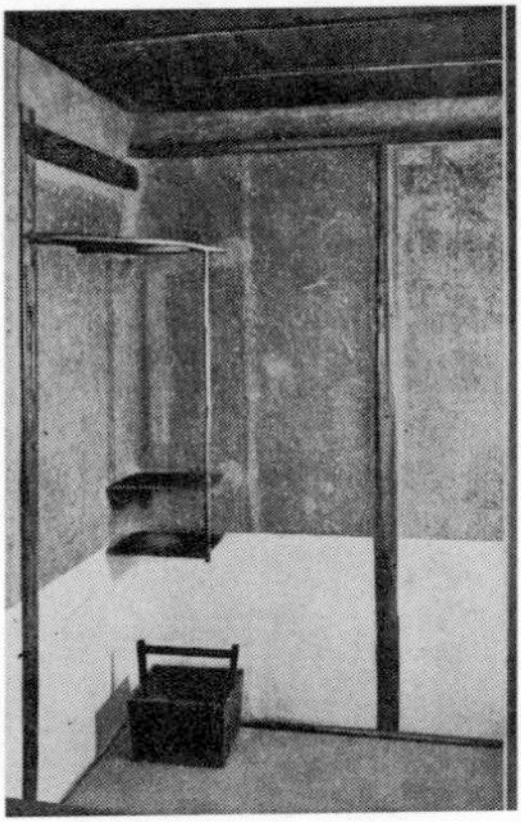

17 図
(右上)妙喜庵待庵(桃山時代.
千利休好み)
(左上)妙喜庵待庵内部透視図
(右下)妙喜庵待庵勝手棚(千利
休好み)

って這っているところなどは少も模写されないところを見ると、単純な模写でなくて、かくの如き構成的関係を明瞭には意識されてないとしても、造形的直観によってかくの如き結果になっていると考えられるであろう。

茶室内においては炉と中柱が室空間の重心をなしているが、また「床《とこ》の間《ま》」が重用な役割をしている。「床の間」は茶室の面積に比して大きな比をなしている。これは上段の間として使用した場合もあるであろうが、多くは装飾を入れる壁龕である。これは空間的に凹部を作るので室空間の反相称性のために常に利用されているのであるが、それ自身においてもこの反相称性は顕れている。それは位置は必ず片寄に付けられ、一方の柱を床柱として特殊なものにしている。その極端なものは洞床《ほらどこ》といわれているもので、「床の間」の一部が壁にて包まれて、床框の所の幅よりも奥では空間が広くなり洞穴の如く作られたものである。また床仕上にしても、畳やへり敷は一般に使用されているものであるが、一枚板を使用したり、床《とこ》框をなくして地板にしたり、また変わったものには土床を作り紙張をしたという[註三七]「床の間」が宗旦によって工夫されている。「床の間」においてもまず一間の「床の間」があって、それが小さくされ、[註三八]次に奥行が浅くされ遂に壁床《かべとこ》や織部床と称せられるものになって空間がなくなり単なる室の一方の一面の壁になってしまっているまでの変化をしている。その他柱や框や落掛の形及び材料的変化、また「床の間」の横の壁に窓をあける事や、その窓の種々なる変化。遂には「床の間」の正面の壁に丸窓を切って懸物を横壁にかける皆如庵の「床の間」の如きものさえ作られ、また玉林院の霞床《かすみとこ》の席における如く「床の間」に構造的にも不自然な棚を作って視覚上の面白さにのみ捕われて「床の間」本来の意義を甚だ稀薄にしてしまった特殊なものさえ作られている。

「床の間」は一般に懸物をかける場所で、それに花や置物が添えられるのであるが、茶室にあっては中立後の後座には掛物がはずされて花のみ生けられる事が一般に行われている。懸物は書にしても絵にしてもそれは一つの独立した世界を持っている。そのためには他の茶道具とは非常に異なった位置を占める。茶道具の中には香合や茶碗にはそれ自身美しいものがあるのであるが、しかし茶の道具として従属的な位置を占めているのみである。そしてそれらの美しさも、茶会の主人の「見立て」と「取合せ」すなわち種々なる形、色、光、大きさ、質量、表面的感触等によって組み立てられる調和の素材である。そこに構成的創作が行われて茶の湯の美的価値の一面を作るのである。その構成的創作には主人の意志が充分に支配して個々のものが、それのみとしては見るべき美がなくとも各々の関係によって新しい美が生きて表われて来るのである。しかし懸物は主人のこの構成的世界に、構成的意志によって選び出されるにしても、その内容そのものは従属しない独立した世界である。それは主人の意志と対立する他の人の意志によった別の世界である。かくの如きものの存在は構成的調和にとって非常に大きい重厚な存在である。かくの如き存在は一つの区切られた床の間の如き空間に入れる事によって相方を生かす事が出来る。この意味で床の間は「絵画がその独立の世界を他の世界から遮断するために額縁や表装を要求する如き同じ立場を建築側から出発して同じ要求を求める時、この特種な空間、「床の間」になるのである」(紫烟荘図集　拙著)。花に対してもこの関係は同様である。調和する花が調和するように活けられるにしても、それは人に対立する自然である。茶室の花は最も自然らしく生けられる事が要求されるのであるが、その生けるというところに人の意志が加わっているに相違ないが、表わす美は、結局自然の美、花の美である。茶室の如く狭く、茶の湯の如く隅から隅まで微妙な人の意志によって充分に支配された純粋な調和の世界では、一枝の自然でも大きな存在である事は懸物と少しも変わりはないであろう。

「床の間」は茶の湯にとっては大きな要素であって、面積において比例的大きさを占めるのみでなく、精神的に最も大きい場所である。茶会はそこにかけられる懸物を主題として開かれる事もあるし、またそうでなくともその掛物は主人の意志の象徴である場合がある。またそこに飾られる生花は室内における唯一の自然である。窓は障子や簾で庭の自然を閉ざしているし、構造材に自然そのままの皮付の丸太や丸竹や葭など使用されても、それはすでに枯れた死んだ自然で、人の意志の中に自然の生きた力は葬られている。しかし生花は未だ水々しい生きた自然である。その自然がその茶会の季節を表示する。

要するに茶室の建築計画はまず四畳半の正式から、面積を少なくすることに進み、遂に一畳半の茶室という如き室としての平面的最少極限にまで到達した。それから炉の位置の変化を求めて八種類を定めている。次に板を畳の間に入れて平面の変化をさらに自由に豊富にしている。次に中柱を利用して平面のみならず空間的に特性を作っている。その中柱の位置は多くは反相称的に中央には立てられないで片寄っているためその狭い方に壁をつける事が考えられ、それの下方に窓をつける事が考えられた。次に広いあき間の方にまで壁や襖が考えられ、遂には一室であったものを二室に分けてしまった形になって極限に達した。「床の間」の配置や形においても、窓や天井の形においてもその変化の追求され実現された事は総て極限に近いまで達しているといっていいであろう。

ただ色彩計画においてのみは秀吉の金の茶室の如き特別な例外の文献があるのみで多くはほとんど総てが「渋い」色で全体として茶室の中にはその差がないといっていいであろう。

茶室が草菴茅屋の相で、その平面的にも立体的にも僅かに数人を収容し得る如き小さな建築にかくの如き多くの変化が作り出されたのもそれは能率的な便利のために追求研究されたのではなしに、勿論全くその方面がないとはいわれないが大部分は美とその変化の倦く事なき探求にあったと考えられる。

これを美しい建築の王座と考えられているギリシャのパルテノンの如き建築と比較するとき如何に多くの相反する思想を発見する事であろうか。その記念性や建築材料という事は別問題としてその手法においても先に述べた如くに茶室に表われた反相称形とパルテノンの相称形とは著しい相反する特性であり、茶室の中和な天然素材色を主調とした配色とパルテノンの多採色《ポリクロミイ》もまた相反する特性である。またパルテノンの美の最大の因子である柱形式《オーダー》とその繰り返しによって作る列柱《コロネイド》及びその他総ての面を取りまく同形の繰型《モールディング》と茶室における総ての点に表われた形の不同と繰り返しの極端なる忌避とは著しい相反する特性である。

しかしパルテノンのあらゆる部分の視覚的効果に注がれた精緻な人の注意は驚くべき事実であるが、その視覚的効果のために払われた注意という限りにおいてはこの草庵茅屋の茶室においても同じくそれに劣らないものがあるように思う。利休考案の茶室として現存する山崎の妙喜庵の待庵にある利休好みの棚の如きを見てもその単純な三枚の板からなる棚の構成がその位置的関係、板の大きさの比例、大きい棚板から二段の小さい棚板を釣り下げている力学的関係になる構図、そして何よりも壁の隅の大きな塗り廻しと上部の横架材の鴨居の有効な食い違い、こんな事象から成立している単純な棚を持つ建築的一隅が、その小さな容積にかかわらず如何に雄大な表現を創り出し、美しい構成を纏め上げている事であろうか。かかる構成がかくまでの表現を持っていることは一に視覚的に集注された異常の注意力と豊富な建築的創造の力にかかっている。かかる美的構成がたとい大理石や宝石類や高価な貴金属で作られてないからといって、またたといそれに費された工作労力が多くないからといって、美的価値が下がるものではない。それは意匠的に達せられた完成した世界として如何なる材料的美の持つ構成にも決して劣るものではないであろう。これは我国の大和絵や墨絵と欧洲におけるフレスコや油絵との対立と似通った関係である。相称性《シンメトリー》と柱形式《オーダー》の繰返しによって成り立っているパルテノンの造形的構成の理念の中には、茶室の「数奇の心」や「不同の理」は到底はいる余地がない。その理念からは総ての窓、総ての出入口が大きさと形を異にしている如き建築、かくの如き多様なるものの構成は全く不可能事とされるであろう。それらは秩序に対する乱雑、均衡に対する不均衡としてのみ考えられて、それらの統一、それらの調和という如き事はその理念を遥かに超えた世界である。茶室にては例えば遠州好みの松琴亭[18図]の茶室の如き八箇の窓は、最大の引違い障子の櫺子窓、その上の最長方形の欄間風の下地窓、塗廻し掛障子の床脇窓(織部窓)、繭形(あるいは瓢形)が影絵として障子に出る風呂先窓[註三九]、縦長の半ば引ける窓と横長の引違いを組み合せた色紙窓、天井の傾斜面に付けられた突き上げ窓、等々の窓が一つとしてその形、その手法の相等しいものがない。また出入口について見ても四箇の出入口で、隣の「二の間」に連絡する二枚の引違い襖の出入口と最小の出入口で板戸片引きの躙口、塗廻しで円頂の華頭口(この場合は通口)[註四〇]、出入口枠が「つのがらみ」になって壁の中に切り込まれた長方形の太鼓張引戸を持つ勝手口(茶道口)等の如く、窓と同じく一つとして形状、大きさ、材料の等しいものはない。勿論それらの形の中には主調をなす公分母的な共通相はあるが、かくの如き多様な窓と出入口とを持つところの四壁がとり囲んで茶室の室空間を構成しているのである。

茶室のあらゆる部分に繰返しの忌避は表われているが、しかし見方によっては繰返しを発見するかも知れない。それは天井の竿縁や櫺子窓などにおいてである。なお詳

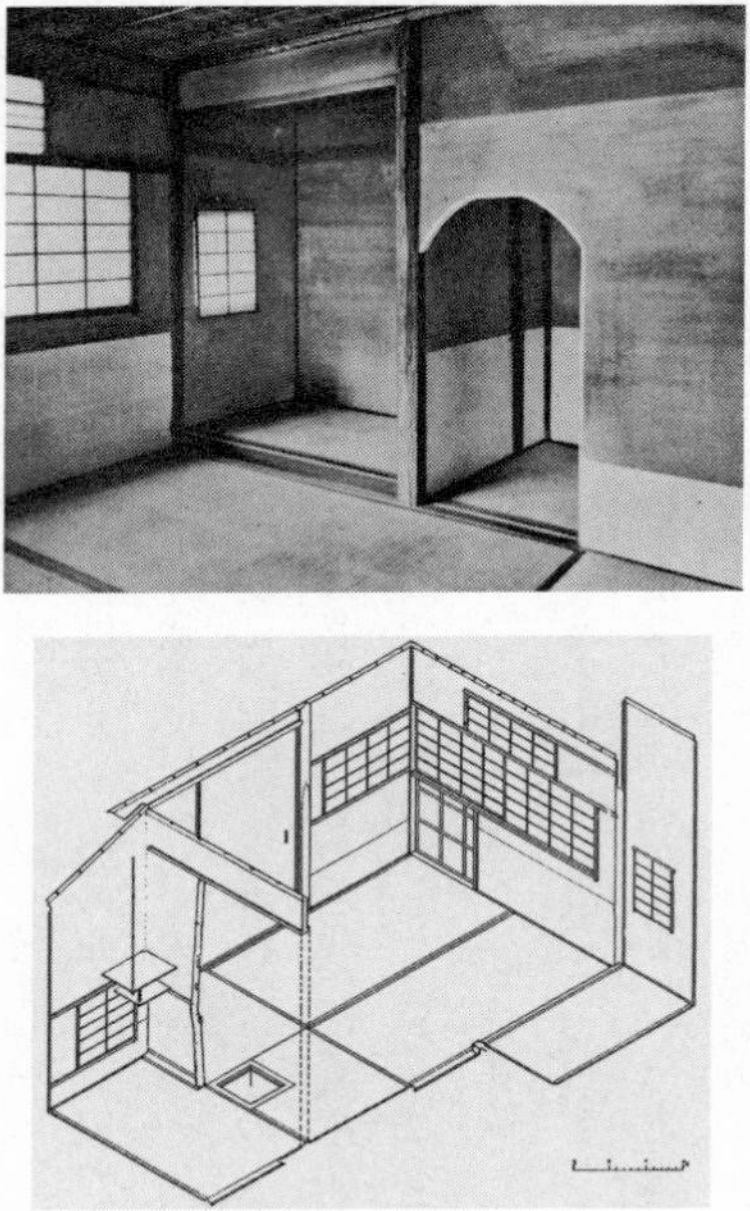

18図　桂離宮松琴亭茶室(桃山時代末期．小堀遠州好み)

細な部分に入れば一層多くあるであろう。しかしそれはかえって繰返しの忌避の効果を表わすためである。天井の竿縁は天井を一つの面として表わすためであり欞子窓もその窓全体を一つの面として取り扱っている。その天井を一つの面として表わす事によって三つに分けられた大きい変化が明瞭に表われて来るのであり、欞子窓にしてもその一つの面を面としてこそ下地窓の如きものと共に色紙窓などとなってより大きい変化を構成するのである。ある人が欞子窓の竹をところどころ打ち替えたのを見て少庵は、「連子《れんじ》竹損じたらは皆打かへてよし。さもなくは其儘に置べし」(茶話指月集)と言ったのは故意に変化をつけた、あるいは佗の故意の表現としての作意に対して非難したばかりでなしに以上の如き視覚上の欲求が含まれているのではないかと考える事も出来るであろう。しかし細かく見来ればその繰返しの中にもなお変化がある。例えば利休好みの待庵の葺下ろし天井の部の如く棰木の大小を千鳥に入れていることや、遠州の松琴亭の茶室の如く白竹と紫竹とを交互に使用している如きである。また欞子窓の竹などもその節の位置によって変化をつけている。

茶室は部分としては表現として調和という点で、時には不協和のものがある。例えば鉋《かんな》削られた角柱や横架材の間に自然そのままの皮付きの曲がった丸太柱の混入の如きである。また時には部分として矛盾撞着する如く見えるものがある。例えば色紙窓と称する窓の配置の如く、室内の表現が静寂を要求しているにかかわらず二つの窓の中心の位置のずれは部分的に非常な動的な表現となっている。また部分としては全体に背馳したものさえある。例えば全体が直線からなっている構成の中へ突然に高次の曲線を持つ中柱や繭形の窓が混入している。また全体としては不統一と思えるものさえある。例えば構造として全体が楣式《まぐさしき》として建築されているのに華頭口の如く栱式〔拱式〕の形態をもってしかも何等迫持《せりもち》的の構造をもたないものがある。かくの如き部分と部分との不協和や矛盾撞着や、背反や不統一は、その各部分が一つの強い構成精神によって貫かれている事によって形成する一つの新しい全体に、それらの不協和や撞着をもたないものよりも一層内的な豊富さと深さとを与えている。

パルテノンと茶室とのかくの如き構成上の懸隔は、仏教的言葉を使用するならば小乗の世界と大乗の世界との差異に似ている。

しかしここで私はパルテノンを小乗とし茶室を大乗としてその建築美を比較しようとするのではない。世界的に建築美の偶像であるパルテノンと世界的には建築として何等認められてもいないこの小さな茶室とをこうして同列に比較する事さえもある人には誇大な妄想として可笑し味さえ感ずるかも知れない。実際パルテノンの美が古典美の完成であり、その種の美における徹底完成の意味で、大乗的美にまで到っているというべきであろう。しかし私の言おうとするのは建築の造形的構成理念の発達の段階においては少なくとも小乗と大乗との差を見出す事が出来るという事である。少なくともパルテノンは戒律的様式主義をただはらんでいるのみであるが、茶室からは建築的に自由無礙なる手法を約束している。

パルテノンの建築は外部の柱のみでも直径約六尺四寸、高さ五間半余の白大理石柱が四十六本も使用され外部処々に彫刻が作られまた大部分は極彩色され中には黄金と象牙の四十尺近い女神像を据えた建築である。かかる建築と草菴茅屋の茶室との比はその面積において、容積において、質量において、材料の価において、工作の労力において、等々において、それは比較すべき限りのものではないであろう。雲泥の差という形容詞が最大の差を表わすものとすれば建築においては、まさにこの二つの建築は雲泥の差のあるものといい得るであろう。また紀元前五世紀の建築と桃山時代との年代上の差は約二千年である。かくの如き年代的差ある建築を年代をはなれた事象について、論ずるのは妥当ではないであろう。しかしここで比較しているのは一パルテノンでなしに、このパルテノンを「永遠なる美の規範」としている総ての建築をさしているのである。それは相称と繰返しとから成立している建築美理念をもつ欧洲の大部分の建築、また茶室との対立という意味で同じく東洋の大部分の建築をも含み得る一団の様式建築をさしているのである。

茶室の中に表われている構成的手法は茶室を考察する上において最も注意すべきものである。その手法はまず第一に我々に純粋な建築美を啓示する。そして結果として美の世界における建築性の独立自主を自覚せしめる。それは建築の美の理念発展の最高の段階である。

最近になってこそ欧洲の建築思想にてもそれは顕れたのであるが、今までのどこの建築も彫刻や絵画を伴わない建築は単なる工作物として美の対象とはされていなかった。すなわち彫刻や絵画で装飾されることがなければ建築 Architecture と見なされなかった。建築は独自な建築性を持ちその建築性の顕現によって美があらわれるのでなくて、彫刻と絵画の装飾によって初めて美になるか、あるいはせいぜいそれらの参加によって綜合芸術となって僅かにその性質が認められるに過ぎなかった。これが今までの建築史の総ての部分に瀰漫している思想であったのである。

茶室においても前に例に出した密壇の茶室[2図]とか孤蓬庵の山雲床の如く壁画や襖絵のある特殊な例外がないではないが、総じて茶室は建築的要素のみでその用途に応ずる立体あるいは平面の容積や質量や面や線や色調や明暗で、その比例や布局や節奏で、空間的構成の美が常に茶の湯の事物的要求と不離に追求され、その結果独立した建築性の完全な相を顕現するに到ったのである。これはいわゆる職業的建築家、工匠の手にならないで、茶の湯という特殊な立場からあらゆる物の視覚的効果に異常な努力を払った茶人という一建築家によって仕遂げられた大きな建築上の功績であるといっていいであろう。またこの茶室の影響によって我国の一般住宅が徒らな記念性と無意味な装飾から免れていることは非常に大きい寄与であるといい得るであろう。

七

芸術としての茶の湯が客に対して中潜りや躙口の如き狭く低い不便なる入口から出入りせしめる要求も芸術的効果を増すという事で是認されるのであるが、逆に主人側は全く反対にその出入口も高く巾も相当に広く非常に便利に作られている。それは主人の給仕の順序が少しでも時間的に齟齬を生ずる事は茶会が微妙な調和に成り立っているのであるから直ちに大きな破綻となって来るであろう。そのために給仕の方は出来得る限り便利が考えられている。茶室の台所である水遣《みずや》註四一を見るとき物の整理のための置き場所、その秩序ある配置は、その使用上の便利と共に一つの美を作っている最も合理的な設備である。また給仕になお一層便利なものは道幸《どうこ》註四二(堂庫又ハ道古、洞庫)と称する茶室に直接し茶室側から使用し得る一種の水遣の如きが考案されている。これは水遣からいちいち物を運ぶ事を省くために考案されたものである。

一般に正客五名とされているが、それに食事(懐石)を出し茶を出すのに、食事には酒の燗をするのも汁をあたためるのも主人手づから行い、そして酒や料理をすすめたり自らも同時に食事をするのであるが、かくの如き事が円滑に行われる事は、一般日常生活における来客五名の食事の事を考えて、専門に給仕をしてもなお相当に混雑する事を考え合わせるとき、そこに大いに研究された形式とまでなった秩序ある行動と設備が考えられる。

また物を置く位置は炉の対角線の延長や畳の目によって定められている。

例えば利休は四畳半の田舎間の畳を炉先半畳を六十四個の正方形に割り付けて物の

位置の規矩としている(南方録)。利休が常に物の配置を倦く事なく探求した事は弟子宗啓によって次の如く記さしめている。「休《利休》は五つ十一のかね七つかね二つを常に懐中して居玉ふ。いつも置合《おきあひ》玉ふ時は此坊さへそこには置れぬ勝手へ迄遣りて只獨かねを取出し置合られし也。誠に殊勝也」(南方録)

物と物とが使用する場合の手の運動に差しさわりないように交錯しないように順序と配置が考えられている。給仕の時の物の運搬にも足の運びの数で定められている。これらの事は日常生活そのものである。近代になってドイツやアメリカで食堂や料理間の給仕のためや料理のための運動を歩行距離の長さで計る事をして、日常生活の便不便を数字的に表わすような研究が発表されているが、茶室の中ではその如き方面もすでに一つの規範となる行動形式に完成してしまっていることを発見する。茶室の中では能率をいうばかりでなしに美的効果も大いに考慮されている[19図]。例えば一つの水指の蓋の柄杓やその他のものを置くにしてもその配置的美が考えられ、また道幸や水遣においても物の配置には最も美的効果を得るまでに研究されている[20図]といっていいであろう。またちょっとした菓子の盛り方にしても器具と菓子との取合せと位置が大きい注意をもって工夫されている[21図]。これらの事は茶室そのものとは少し問題が離れて来るのでこの方面の考察は今は省かざるを得ないが、しかしこの方面こそ、日本の日常生活に大きい影響を与えたものでまた今後の住宅建築にも大きい示唆を与えるものがあるであろうと思う。

——昭和七年三月——

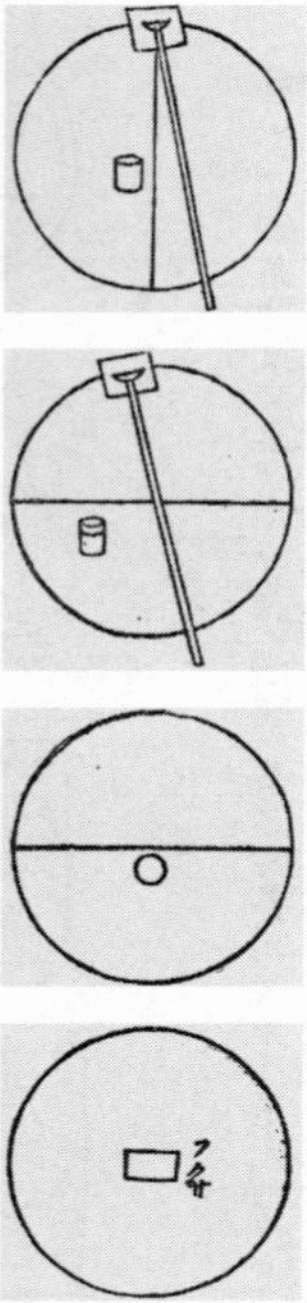

19 図　水差割蓋上物置様(茶式湖月抄による)

初坐

後坐

薄茶点仕廻

濃茶点仕廻

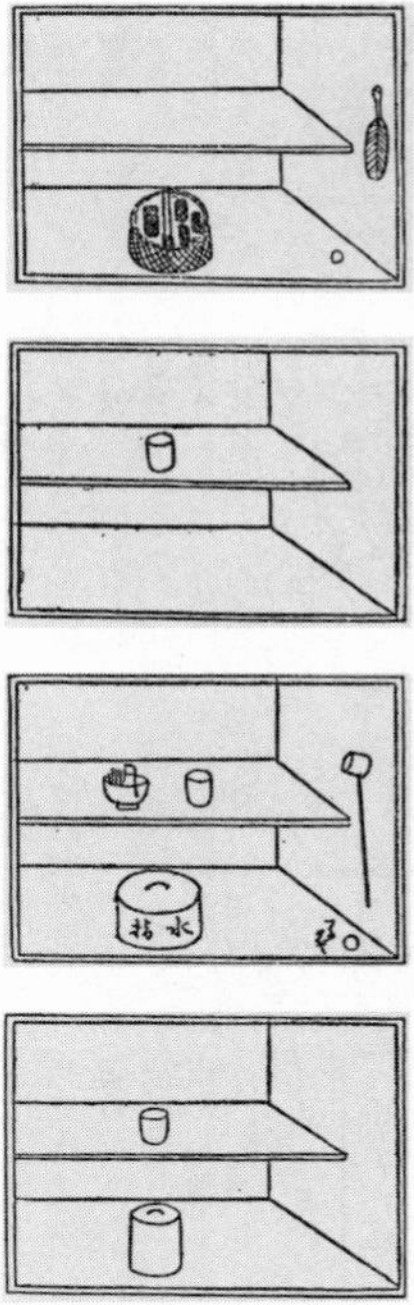

20 図　道幸棚物置様(茶式湖月抄による)

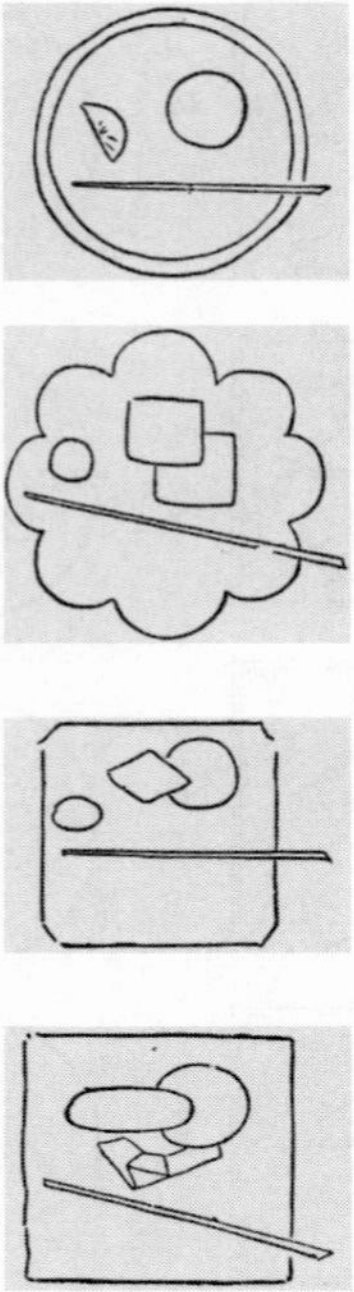

利休北野にて
御茶菓子
粟餅
置合
氷砂糖粉
ぶしゅかん

利休御茶菓子
大徳寺にて
雪餅
置合
朝鮮
山素生にて

三斎御茶菓子
但夏の御会
水餅
置合
氷砂糖粉
水栗

遠州御茶菓子
葛焼餅
置合
氷砂糖粉
塩のし結て

21図　菓子と楊枝と菓子器とによる構成（茶道全書による）

註一　「喫茶咒文之事。凡ソ飲レ酒喫レ茶之時各咒文アリ是先師代々ノ傳ヘナリ。大覺悟有ヘシ。按スルニ是皆其事之眞實也。其咒ニ云フ　若飲茶時　當願衆生　供養諸佛　掃除睡眠　此文ヲ念シテ飲ム時ハ則誠心ニシテ他念ヲ失スヘシ」（茶道要録　延宝三年一六七五刊　山田宗偏著）。こんな呪文の事は他の茶書にはあまり見ない事でかかる事が実際どの程度まで行われたものであるか知らない。恐らく行われたことは少ないであろう。

註二　珠光（村田茂吉、文亀二年　一五〇二　没年八十）の言としては真に信ずべきものを私は知らないが、これは茶心花語（西川一草亭氏著）中の引用文にほとんど同じものがある。それは同氏所蔵の大徳寺の明堂（天保八年　一八三七　没年七十）の書いた珠光の語と称するものによっているそうであるが（瓶史）、この語は珠光禅師語として敝帚記補の「夫茶道爲レ徳原守レ儉次レ不レ足而爲レ足　莫レ好二美麗一……」とあるものと甚だ似ている。茶伝集（十八巻）中に天和元年（一六八一）の跋があるので敝帚記（享保七年　一七二二）及び明堂の書よりは古いが、その出処はいずれにあるか知らない。また珠光の語であるか否か甚だ疑問であるがしかし珠光の言としてふさわしいように思う。世に珠光伝書なる書写本があって後書に元禄十五年付のその書写本に関する書きこみ事があるが、書中の茶室の記事などによって到底全部が珠光時代の書とは思えないようなものである。その序には「此道第一わろき事は心乃がまん、がしやうなり」等の言があり署名には古市播磨法師珠光とある。珠光の弟子の古市播磨守（興福寺代官）がまた珠光と号したとは考えられないが、またこの言が茶祖珠光の言としてずっと後に出来た書写本「茶人言行録」（享保七年　一七二二　藪内紹智著）及び「茶道刀自抉」に出ているところなどからこれは古市播磨守に相伝したものとすべきであるがしかし内容は珠光時代の物のみでない。殊に本文の茶室の設備が総て完成しているから古市播磨守時代としても後期の書き増しが多いようである。古市播磨守には著「茶書一巻」と数寄者名匠集（谷忍野著）にあるのがこれかも知れない。しかしあるいはいくらかは珠光の言が交じっているかも知れない。このほか珠光の言としては「珠光を師とし煎茶三昧せり」という茶竹子の喫茶雑話（元和六年　一六二〇）には、「前林深雪裡。昨夜數枝開ク。と作りたるを。ある詩友のいはく。一枝となをしき。其人をしやうじて梅花一字の師といひ」「此句を當道の血脈とす」「此句會得なき人はすきの道には入がたしと珠光常に侍ると」などの文人趣味、煎茶趣味の話が伝えられている。また私がなお後に引用した珠光の言などは茶祖伝（元禄十二年　一六九九　異本同十五年）及び茶人行言録（享保七年　一七二二）の中の語で前者は大徳寺の巨妙子、後者は不住斎藪内竹心（藪内五代宗匠）の著述でいずれも写本によったもので、これらがどの程度まで信じてよいか解からない。後者の書中には私のここに引いたところとは異なるところであるが前者の中の一部を引用して「いまた實否を辨へずといへとも語ハ光《珠光》が心ならんを以て記しぬ」としている。また同著者は源流茶話にも同じところを引用している。

世に「珠光ノ一紙目錄」なるものが伝えられている。これは「目錄トハ能阿彌へ南都星明寺ノ珠光傳受ノ問日記ナリ」と茶道要録には記されておりまた同書の別のところに「珠光ガ一紙目錄追加ニ云ク」として紹鷗の言が引用されている。私の見た一紙目録は三斎流茶書と共に伝えられているものであるが、それは山上宗二（瓢庵）の茶書で天正十七年(一五八九)江雪斎へ宛てた書(堺市史所載)と天正十八年皆川山城守へ宛てた書(今安集)共大同小異でその中に「右一巻是迄ハ珠光ノ一紙目録、紹鷗追加書顯畢」と記載された二書と大差ないものである。その中には宗二(?)の記入も相当多いように考えられる。その中から珠光の言を見出すことは私には未だ到ってない。宗二の伝えた書で一紙目録などの語の少しもない書で、天正十一年桑山修理へ宛てた書(瓢庵宗二古書)及茶器名物集として続群書類従所載のもの及び天正十六年いせや道長《七(異本)》に宛てたもの(宗之二記)以上三書は上記の二書とは順序が異なるが内容は大して異ならないで総て自分の書として宗二は各々に宛てているのである。これらの書から一紙目録の原形を探ることは困難な事で単なる臆測以上を出ない。そのうち珠光の言として宗二が記しているのに「わら屋に名馬をつなぎたるよし」の語がある。これは一紙目録として伝えられた書や今安集にはない。これは宗旦直伝という茶道抑聞書(堺市史)にも出ているが、この語も宗二の記入とすると時代が少しへだたっているので確実性がうすくなって来る。

註三　利休の言は利休の弟子堺の南宗寺集雲庵の南坊宗啓(宗慶)によって記された、覚書南方録に記されているものなどが最も信ずべきものであるように思う。これは異本として南坊録、喫茶南坊録、喫茶南方録の四種を私は見たが、後者を除く三種は大体似たもので、そのうち喫茶南坊録は九巻まであって一番多い。後者喫茶南方録は順序も異なり巻数も少なく、また他の三種のどの本にもない個所が出ているし、他の三種の本の最初の巻が遺追になって入っている。それも編者の実山の名が出ているのであるから書写中に他のものが入りこんだのかも知れない。いずれが正しいか私は知らないが、主として南方録により、それにないところは他の書写本によった。とにかく大部分はその当時利休自身が間違いないことを裏書しているので信じてもよいものであろう。

註四　利休（納屋又八千與四郎、宗易、抛筌斎利休居士）の死は秀吉の怒にふれたため天正十九年二月　一五九一　七十歳にて自刃している。その原因については種々いわれているが、「茶祖的伝」及び「茶道要録」（延宝三年　一六七五刊）によれば直接の理由としては利休寄進の紫野の大徳寺山門に自分の木像（粒桐の紋の小袖に、八徳を着せ、角頭巾を被らせ、尻切を穿かせ杖をつかせ遠見したる体）を置いて「參詣の貴賤にいたゞかしむ是一つ」（茶祖的伝）の理由である。また茶器の目ききをするに「僞をことゝするも又己が親疎によりて其價に高下をなし私多く人をたぶらかし是一つの國賊也」ともされたのである。これに利休の性格と位置とが多くの讒言によってそれが一層悪い方面へ進んで行ったという事も否定出来ない事実であったであろう。また秀吉が年若くて寡居していた利休の次女と偶然黒谷付近にて出会って後、聚楽第へ伺向せしめよという手紙を出したが利休は「娘を賣物にして家を立てんこと甚恥辱」としてその命に服さなかった事もその一つの理由になったと伝えられている。この女も利休自刃の前に自殺している事が「南方録」「茶祖的伝」「茶之由来」(文政五年　一八二二写本)に出ているからこの事も恐らくは事実であったであろう。また利休が自分の墓石に見立てた石塔は(大徳寺聚光院現存)船岡山の御陵の上にあったものであったとか(茶之湯六宗茶匠伝記　遠藤元閑)また二条院の陵にあったものとか(茶道望月集　享保八年　一七二三　風後庵又夢著)であって、その事も一つの理由となったと言われている。大徳寺山門に置いた木像は大仏師左京の作で行方不明で今裏千家にあるのは仏師因達の作で別物であることが敝帚記補に記されている。

註五　伝宗旦と称するこの語は禅茶録(文政十一年　一八二八刊　寂庵著)中に宗旦の言としてでなく著者の言として使用されている。中に一二語尾に異なる箇所があるのであるが同文と見てよい。これを宗旦としたのは徳雲、四、の聴雪生の引用文によって今はこれを宗旦としたのである。宗旦の言としては茶話指月集(元禄十四年　一七〇一刊)は宗旦の談話を聞書したといわれているのであるからその中の多くの茶事に関する事柄や話は宗旦が是認した事柄とあるいは見る事が出来るかも知れない。しかし宗旦の茶は茶祖的伝に載せている辞世の一つ「一息截斷　咄々喝々　今此轉機　審作茶烟」の如き中に一層委しくその禅的生活との調和を見る事が出来るであろう。

註六　茶湯古事談その他種々の書に出ている。

註七　禅趣味の茶の湯は茶道鉄槌集九巻（安永七年　一七七八　酒々庵雪洞著）及び前記禅茶録の如き著しい著述である。かくの如き思想に対して「茶禮ハ禪法にもとづくと聞けハ禪學をせずんば茶の溫奥に到りかたらんか。予答曰茶に道心なし。翫ふ人に道心有。禪者ハ茶禪一味を賞し儒者ハ敬禮の一端とし道者ハ無何有の境とせん。何ぞ禪而已を茶道とせん」（茶話真向翁　享和三年　一八〇三刊　関竹泉著）などの問答がある。

註八　利休が反古にかいた歌の中の一つであって露地とは茶室付属の庭をいう。喫茶南方録巻二に「露地は草菴寂寞の境をすべたる名なり、法華譬諭品に、長者の諸子三界の火宅を出て露地に坐すると說き、又露地の白きと云ひ、白露地共いへり、一身清淨の無一物底也。いにしへより在家の庭を露地といふ事なし」。この露地を露路とも盧路とも鹵路ともまた路地とも書いている。

註九　「豊太閤と喫茶趣味」（渡邊世祐氏）は、茶室と茶庭（保岡勝也）の中の引用文によったのであるが、茶室を学問所と呼んだ事については非常に疑わしい。それは秀吉公伏見学問所記（慶長三戊　丞允書）の中に「……築二大域一營二華第一裁二松竹一作二深松一建二高堂一號二學問所一堂之四維構二茅屋一屋中一々賦二和歌一吟二詠風景一矣……」（源流茶話、茶人行言録）によって見るとき学問所は高堂であってあまり茶室らしくない建築である。その四隅に建てた茅屋で歌を詠んだり風景を称したりする建築ならばあるいは茶室と考えられない事はないであろう。「將軍家譜ニ云、伏見城事成矣。又於二河邊一築ク二小山ヲ一衆木列植。建二堂于其閒一號二學問所一又以二沈香木一構二茶店一秀吉招二喜レ茶者一時々賜レ茶」（茶話真向翁）によれば学問所は堂である。それにつづいて茶店を構えたとあるからこれが茶室であろう。しかしこれについて考えることは私にとっては今は問題ではない。

註一〇　「外路地と云事昔は無レ之也。利休時分ハ少腰かけ杯して待合はせしと也。金森出雲守可重虎門の向に屋敷在レ之。大猷院様へ御茶指上候時に始て待合を作りしと也。是より待合出來初候外路地もそれより在レ之也」（無住抄）、「利休若き頃は外盧地も腰懸もなく」（茶湯古事談　享保辛亥　一七三一刊　近松茂矩）、「路次行灯といふ物むかしハ待合腰かけなき故路次の飛石の程能所ニ出せし事と也。依て其名有、古織の後待合腰かけ出來てハ待合へだス事ニ成ぬ」（茶道望月集追加）、「古來は路地なしに表潛りを切圍座敷に直に入たる也」（和泉草、貞享丁年　一六八七）（石州流茶書　寛政二年　一七九〇）

註一一　「中くゞりは遙後に出來たリ。利休時代は中くゞりはなく、猿戸にてありし、古田織部正中くゞりと云ふ事を仕出さる」（翁草）、「利休は露地に猿戸をかまへ、織部は中くゞり遠州は中門なり」（朱紫　享保七年　一七二二　藪内竹心）

註一二　中潜りの寸法「敷居の上より鴨居の下まで二尺四寸」「中大くゞりの寸法、口

の高さ三尺同はゞ貳尺六寸五分」(利休茶道具図絵　元禄十四年刊　一七〇一　山田宗偏)

註一三「躙口《にじりぐち》は至つて大なるは妙喜庵にあり、牧方《ひらかた》の漁人の家の小き戸口より出入するを見て居士始て好む」(茶道茶蹄)。上記の利休茶道具図絵では「潜の高さ鴨居の下まで二尺二寸五分同はゞ一尺九寸五分」とあり、利休の妙喜庵の待庵のは「高二尺六寸、巾二尺三寸六分」である。一定はしていない。

註一四　この事は茶話指月集(元禄十五年刊　一七〇二　久須美疎庵)にも出ている。遠州が非難されるのは茶道具の骨董趣味を盛んにしたこと、彼の宗甫好み(別の宗甫なる茶人の好みと混同されている場合があるらしいが)と称する棚や茶入等が華奢なものであった事、彼の好みの建築庭園が華美であった事等が重なるものであるがまた「茶の湯は臺子根本なり」「眞の臺子をしらずしては行の風爐もなりがたし、行のふうを辨へずては行の草のいろりも成べからず、古人もよく立ちよくゆかずして、はしるものはあらじと云へり」(小堀遠江守茶書)の如き思想は「書院臺子のことわざ一々手練鍛錬し畢て後に草菴を修行すべしとひたすらにとりかゝりては一生に草菴の風味に至る事なし、師たる人よくよく了簡あるべきなり。佛の衆生を度し賜ふ如く大乗の機、小乗の機に應じて頓と漸との引導あるが如し」(南方録)の如く考えている思想からは遠州のかくの如き思想は全く小乗的であるであろう。しかし遠州は世に非難さるる華やかな事ばかりしたのでなくて「座敷には行燈ばかりで何もなく、後入に始て一軸を掛け前後に花無し」（松屋会記）の如き茶会とかあるいは「六月初つかたにて夕立ふりて中立成兼るほどなりしか晴てのあとはいと涼しかりし、ほどなく案内ありて入しに花なく床の壁にざつと水うちし跡ばかりあり、いづれも不審におもふところに遠州いでこれ今日の夕立にて路次の木々のぬれ〳〵といさぎよきを見られし目にて花おもしろかるまじといけぬなりといはれし」（茶湯古事談　享保辛亥　一七三一刊　近松茂矩）の如き事などをしている。

註一五　この歌は小堀遠州も「茶湯の心にも路次にもかなふとてつねづね談したまふ」（貞要集　宝永七年　一七一〇）、こんな話も遠州の茶を一概に侘茶でないと断定する事を躊躇せしめる。

註一六　これは桑山左近（ィ本富田）（茶話指月集）、また富田左近（茶湯古事談）に利休がしめしたものとなっている。また「樫の葉の」が「しらかしの」となっているのもある（藪内流聞書）

註一七　この句は古田織部ともいわれている（貞要集、茶人行言録、茶道鉄槌集）、遠州としているのは（茶話指月集、茶湯古事談）、また「三井寺ニテ宗長發句ニ」としてこの句を書している宗友記（明和二年　一七六五　宗友政方著）の如きもある。

註一八　東求堂が茶室のはじめであると銀閣寺ではいい伝えまた現代に行われる建築史

にもかく記されている。また「茶事本式眞の座敷と云ハ即此四疊半の外に又なし。其もとは義政公の銀閣寺に初り」(茶道望月集　享保八年　一七二三　又夢著)などという記載もあるが四畳半の茶室の初めであるかも知れないが茶室の初めではないであろう。「むかしの茶湯座敷は六疊敷、其以後四疊半其後二疊たいとせはみもて行」(艸人木　正保三年)、「世に茶寮をかこゐと稱するは、珠光慈照寺の界內東求堂の東北に一室を設け、同仁齋と名け、四疊半方丈の室になぞらへ、屛障是を圍めり、よて此稱あり、四疊半もまた此におこるといへり」(倭調琴)、また「慈照院殿御座敷八疊敷也。或時は四方の小壁に玉澗和尚の自畫自讚之八景八幅をも掛、床には花を生給ひ臺子をかざり御茶會を催し給ふとや」(懷蔵集)、同様の記事が茶道正伝集(元禄七年書写本)茶之湯故実奥儀鈔(元禄十一年刊)にも出ている。「古ヨリ紹鷗時代マテ茶湯座敷ハ八疊敷或ハ六疊敷ニ仕テ」(茶譜)、同様の記事が鉄槌集にも出ている。「珠光、松本志野までハ六てう敷也、……珠光堺のなたやにて四てう半ヲしそめし也。道具なきには六てう敷さひしきとて」(寿悦岡八郎右衛宛書　慶長十七年　一六一二)。これらの記事は東山時代からはずっと後の書ではあるが載せられているところなどから想像して現在の東求堂を直ちに茶室の創りとは定めがたい。しかしこの四畳半で東山時代に茶を点ぜられなかったとはなおさら断ぜられない事である、むしろこの室にても恐らくは点ぜられたであろうと想像される。ただこれが最初の茶室であるか否かが疑問である。

註一九　「四疊半ノ席ハ元來陰陽五行ヲカタトリテ一室ニ世界ヲ込タル意ナリ。一説ニ禪學ヨリ起リ維摩ノ方丈ヨリ出タル杯トイヘトモ左ニアラス。出處ハ易經禮記等ヨリ起《オコル》、室建様《タテヤウ》モ南面ニシテ東南ノ明ヲ受テ造事席ノ本法也」（行ノ行台子、翫荘口授事）、この書写本は何時代のものか不明であるが玄々斎茶道叢書中の一書写本である。「茶事本式眞の座敷と云ハ卽此四疊半の外に又なし、……廣サハ元方丈佛室の古實の事ナレハ」（茶道望月集）

註二〇　庭園は別としても禅宗建築の影響が全然ないという事は断言は出来ない。「茶湯ハ禪法ニ準者《ジュンズルモノ》ナレハ普請併諸具ニ至《イタル》マテ重々敷《おも〳〵しき》コトハ有間敷ト云テ迯《ヌルイ》コトヲ嫌シ也」（茶譜）の如く茶室が茶室の如くなった事は禅法に準じたからであるという風に考えられている。ヌルイという形容詞は茶書には時々出る言葉であるが例えば「奇麗トバカリ心得テウツクシキヌルイ仕様也」（茶譜）「右織は全き茶わんはぬるきものとて」（茶話指月集、茶人行言録）の如く佗の反対の意味で派出という意味があるらしいが、禅宗建築は全体として他の宗教建築に比して派出ではないかも知れないが、利休が自像を安置したという大徳寺の山門上の内部などは極彩色でその色調感は「毒々しい」というほどの感じであって、明の影響として見ても明の十三陵の廟建築などに比して甚しく精練されないもので、全く茶室建築とは反対の側にある「重々しき」「ぬるき」建築である。禅宗建築中比較的近いものは日本化した僧坊であるかも知れない。しかし茶室はそれ等に似ているというよりもなお一層山家や田舎家に類似を見出すであろう。この意味で禅宗建築との類縁は少ないといえることは確かである。しかし千少庵好みの西芳寺の松庵の華頭窓の如く(一般に使用される通口や勝手口の円頂の華頭口でない)インフレクションを有する純然たる唐様形式の曲線をもった窓を有する茶室の如き例外がないではない。また堺の南宗寺内の紹鷗好みの茶室と伝うる茶室の如きは「床の間」が落掛や床框がなくて塗壁にかなり大きく円形を開けて内に板床を作りこんである。三畳半、丸竹の竿縁板天井張の茶室であるが、一見した感じは侘とか寂とかいう感じよりもいわゆる「禪味」に近い表現を持つ例外もないではない。また有名なる茶室が多く禅寺の中に保存されているという意味でいわゆる禅宗建築としての唐様形式の建築をのみ禅宗的なものと見ないで禅寺の庫裏などに見る如き日本化した住宅をも禅宗的という事も出来て、その意味で茶室の禅宗建築的類縁も強いていえない事はない。

なおこの他にも疑問になるのは砂雪隠である。これが日本的のものか禅宗を通じて伝えられた支那風のものかが私には今は決定する事が出来ない。雪隠なる文字は雪は雪竇の雪、隠は霊隠寺の隠、あるいは雪峯義存禅師の隠所を掃除して大悟を得た事に因んで名づけた等の説や和漢雑笈の青椿説などはちょっと肯定し難いが、言泉(落合直文)中の西浄は禅林にて西序の人の上る厠にて、雪隠は西浄《せいちん》の訛とする説明を今は取ろうと思う。「會の時客雪隠のうちを見る事も禪林便所の役を淨頭とて歴々の道人和尚のせられたる例多し。修行の心持第一也。客も其心得なり」(南方録)のためかあるいは刺客の忍び入るのを検査するためか今は問題ではないが、またかかる意味で禅宗建築との関係を見るのでなくて、建築上衛生施設的その構造が大陸との関係があるか否かを知ろうと思うのである。大唐五山諸堂図を見るに便所は構造がよく理解出来ないが浄桶(一種のおまるであろうと思われる)を使用しているようで、手洗には灰や土等を使用しているようである。日本の禅宗が南方支那をより多く影響されているとすれば、鎌倉時代の東司西浄はこれと類似のものであったであろう。しかし、私は現代の北京にて砂雪隠と同じような設備のものを実見しているし、朝鮮にもこれと類似の形式のものがある事(燕谷寺の便所)が藤島亥治郎氏の話にあるから、あるいは砂雪隠の形式も禅宗建築と共に伝わったというようなことがありはしないかというような疑問を持つのである。これは研究すべき問題であるが未だ私は手もつけてないので私としては今後の問題として今は触れる事を止めよう。

註二一 「塗立て柱、俗にヤウジ柱と云ふ杉丸太、元伯《宗旦》齋又隠の隅にあり。いづれの席に用ゆるとも又隠の寸法を用ふ」(茶道筌蹄　文化十三年跋　一八一六)。「利休の四疊半」と称する起絵図にもこれが用いられている。

註二二 床の「緣ヲ眞塗ニスル事猶以名物ヲ所持アル者ノ事也」(茶道要録)、「爐緣附木地薄塗。香ぐるみ杯にし、折々洗へば木の杢されてよし、洗縁と云、冬は塗縁、春は木地縁杯云説あれども、佗には何も木地縁相應也。四疊半に成ては薄塗又は眞の座敷ならば、眞の黑塗も可㆑爲㆓相應㆒」（南坊録）、「春ハ洗縁ヲ用ユ陽氣埃《ホコリ》ヲ擧ル故ニ見テ惡シ故ニ用ユ、客毎ニ洗ヒテ用ベシ澤栗ノ目通ヲ以テ作ル、冬ハ塗縁ヲ用ユ、洗縁ノ古ビタルヲ搔合ニ漆塗テ用ユ。是佗ナリ。又不佗人ハ眞塗ヲ用ユ」（茶道要録）、「秀吉公御好の爐縁に眞のくろぬりに金ふんにて菊桐の御紋をちらし出されしふちも有となん」（茶湯古事談）

註二三　「紹鷗四疊半爐有といへ共未爐の廣狹定まらす釜の大小に隨て切し也。休公と相談有㆑之二疊敷出來。向爐角切に臺子のかねを取て一尺四寸の爐を始められ其後四疊半にも田舍間四疊は一尺三寸、京疊のには一尺四寸也」（南方録）、「昔のいろりは八寸六寸を四寸に直し」（長闇堂記　寛永十七年　一六四〇）、「往古の爐は一尺五寸七分半大圍爐裏にて有しを紹鷗作意にて一尺四寸四方に縮少され候。但大臺子の下板幅一尺四寸有し故也」（貞要集）、「紹鷗の時より有來る四疊半も順のまわり敷にして中の半疊ニ爐を一尺五寸にして爐縁角にして內丸くぬり自在にして鎖にてもかけたる物也」（茶之湯三伝集　元禄四年刊　一九六一）

註二四　「休云、紹鷗四疊半は田舍間疊にてありし也是本式四疊半と心得べし」（南方録）、一般には京間疊六尺三寸三尺一寸五分の大きさである。

註二五　「大徳寺の行者《アンジャ》山田氏に元伯好の中板の席有是中板の始也」(茶道筌蹄)、「二疊中板巾一尺四寸如心齋好。一疊半中板巾八寸也」(茶道筌蹄)

註二六　「大目の座敷と稱する物ハ泉州堺の年寄坂口といふ人古藏の前に茶室をまふくる時四疊半ニ成かたきをやく疊一小間切欠て三疊大目となして此點前道具の飾かたを利休へ相談有り」(茶道望月集)、「宗易ハ作意にて京間六尺ニ寸之疊を四ツ割一ツ分壹尺五寸七分半切捨て殘る四尺七寸二分半の疊にして是を大目疊と名付たり。六尺三寸の內四分一切縮て殘り大目成ルゆへに云也」(茶道正伝集　元禄七年書写)、「中柱の後に爐を直したるを臺目切と云。六尺三寸の疊の內臺子の巾一尺四寸と臺子先の屛風の厚サ一寸とかきてのけ」「一枚疊の內臺子の疊目分、切のけたる故臺目切の疊、臺目かきの疊、といふ也、柱なし臺目切も有」(喫茶南方録)、「一疊に四尺七寸三分の疊を加付是を大目と云て爐を切茶會有、織部宗匠是をせましと吟味有て二疊に四尺七寸三分の大目疊を付合、〆三疊大目といふ、是古田公の作也」(茶道全書　元禄七年刊)、「二疊半に又一疊加へ二疊にして四尺七寸三歩の疊を居疊にする。是を大目と云。二疊と此大目を合て三疊大目と云」(茶之湯三伝集　元禄四年刊)、「惣體當時ノ茶人臺目ヲ大目ト覺ヘタルハアヤマリ也」(秘蔵伝心)

註二七　東求堂の炉の中心説は「茶室」(也軒老人)及び「数寄屋建築」(大熊喜邦氏)。炉は中央に半畳大と想像されている。

註二八　卍形については「利休の卍字の釜と稱する囲炉裏の釜あり、一寸四分ほどの卍字、ヒシと地紋にあり」「此類のもの今一つあり。品川東海寺の什物たり。沢庵和尚の秘蔵せしより、沢庵の釜と称すれども、実は利休好みなり。但し此れは卍字の地紋、一通リ少シ」(茶道美談)

註二九　卍字の腰掛は「四腰掛」ともいわれている桂離宮内松琴亭近くの物が有名である。これは茶会の時に使用するものではないであろう。茶会の時の待合は別にある。

註三〇　「小庵京師二條に住居節初めてこのみ、中柱を入、臺子の形を残したるゆへ臺目といふ」(茶道筌蹄)。また一説には「中柱は利休の子道安、始めて仕出しけるを、父利休之を見てよき物數奇なり、但汝が仕出しけりと言はゞ後世用ひざる事もやあらんとて頓て崩させて、利休が立てしなり」(茶道美談)

註三一　「臺目ノ中柱ノ寸法ハ二寸ノ大サ也。姫松ノ皮付カ又木ノ皮付又ハ日向丸太ヲメントリタルモヨシ。曲リクネリテ異形ナルハアシ」(三斎流秘蔵伝心)。中柱は「いにしへは直木を用ふ、近來原叟時代よりユガミ柱を用ゆ」(茶道筌蹄)。しかし利休好みとして一畳台目及び三畳半等の茶室の起絵図が伝えられているものがあるがそれらには曲み柱を使用している。また曲み柱は釣釜の鎖をかける時中柱が垂直である場合には直線の重複を現すから宜しくないとの意味で利休が始めたと数寄屋の沿革(吟松庵主人)に述べられている。

註三二　この種の茶室は古織三畳の茶室というのが残っているから古田織部があるいは創めたのかも知れない。

註三三　四聖坊の四畳半の茶室は奈良東大寺の内の茶室にて利休好みと称せられて、一面に巾二尺八寸二分の椽がついて内法五尺七寸の舞良戸二本と腰板高一尺五寸の障子二本とがたてられ、また一面にも内法五尺七寸高の腰障子二本引違に使用されている。

湘南亭は京都西芳寺内にあって、千少庵好みといわれていて、茶室は松庵といわれる四畳台目茶室に障子で仕切られた二坪余の露台湘南亭をつけ足利時代の夢窓国師の造庭を見おろしているもの。

清漣亭は京都等持院内、足利義政好みの席といわれいるもので床柱に妙心寺雪江の松を使用したと称されているものである。三畳台目の席でそのうち一畳が上壇の間になっている。室には大きい障子が入っている。この種の例は他にも相当ある。

註三四　「衝上《ツキアゲ》を明けたるは道陳」(茶話指月集)、「大和大納言殿数寄屋の路次に松の木有。太閤此松を内より見へる様にいたし度物と被仰候時利休承レ之屋ねの上に窓をあけ候處にあかりにもよく殊の外よく候と也是よりつき上げ始り候」(無住抄)、「小座鋪ニツキ上ケ窓切リ初メ候事ハ牧村カ書院ヨリ切リ候ヲ利休カ見テ小座敷ニ切リ初メ候ト御語候(細川三齋茶道御傳授之覺)」(宗友記)、「突上けも町家にて明り難取所ニ屋禰を切て明りを取たるを利休見て思ひ付廣く格好を定て今の世まで用る事と也」(茶道望

月集及び茶伝集）

註三五　「休《利休》云ク、初陰、後陽此れ大法也。初座には床の掛もの釜も火あいおとろへ窓をは簾を掛《かけ》各一座陰の體也。主客共に其心あり、後座は花を生《いけ》釜も沸たて簾もはつしなど皆陽の體なり。如レ斯大法なれ共天氣の晴曇寒溫暑濕に隨て變體をしる事茶人の了簡にあり……」（南方録）

註三六　茶室の天井を三つに区切る事は一般に行われていて天地人に象ったと俗伝されている、「茶席に天井はる事道具疊の上又は上座の上を専におほひちりほこりを禁し也。今は茶席の景氣と心得られ候はひか《僻》事にて候。諸方古人作爲の茶席とて有レ之候も多ハうたかはしく候正敷《まさしく》利休作爲の妙喜庵を見て可ニ知得《リ》一候。但遠州は居間の明りとれかたく道具疊の上をやねうらにしてつき上《あげ》窓をつくれと申候。是を格と致候ハいかゝにや」（朱紫）

註三七　「ムロ床の通りにして疊の所も土にて塗《ぬ》り其上を紙にて張《はる》也。左官土齋へ元伯《宗旦》好ミ遣シ也」（茶道筌蹄）

註三八　「小座敷の床ハ四尺三寸ニちゞめし初ハ利休息の道安」（茶道望月集追加）、「紹鷗の四疊半は一間床也。道安にハ四尺三寸にちゞめし床を利休見て是は一段よしとて其後四疊半建し時に四尺三寸の床になせしより今も大方四尺三寸床になすとなん」（茶湯古事談）、「一疊半及二疊數寄屋」「床の幅は一間の內を勝手口にとりて残る分を用

ゆ。床のふかさ二尺二寸」(利休茶道具図絵)

註三九　この茶室の風炉先窓は隣室「二の間」の「床の間」の壁に開けられていて茶室内部に片引きの障子があるため一八図の図面(等角図法)にも写真にも繭形の下地窓が出ないが、これは実物では障子にやわらかくその形が映る。ここに遠州の設計の苦心がひそんでいるように思う。

註四〇　華頭口(花灯口、瓦灯口)は多く通口に作られる。また勝手口(茶立口、茶道口)にも作られる事がある。「堺の町人に侘數奇有俄ニ茶事催したる勝手口に壁を切ぬき其切口も紙ニて張て一會せしを利休見て侘に面白く想ひて其形格好を好み櫛形と名付數奇屋の勝手口と成しと也。火燈口と云も是也」(茶道望月集追加)、「上の方をまるくぬりたる口を瓦燈口と云、又通口ともいふ」(茶道早合点)、「通口。ヌリマハシに限る。茶の湯の節、菓子煙草盆通ひ口より出す。通口の濫觴は臺目切にては、點茶の節、貴人の前へ行て急なる用向など、勝手口より申上難きゆへ、利休勝手口の外に通ひ口を明る也。夫故に是を禿口《カブロ》といふ也」(茶道筌蹄)

註四一　水遣については「むかしはなし椽側などにて仕舞し也。不審庵ハ水遣の始りなり。不審庵形ヌメ棚簀棚二重棚何れも杉なり。ヌメ棚簀棚とも一方壁につかず。今千家にて兩方とも壁につく長棚は廣間に流子水遣に用ゆるなり」(茶道筌蹄)

註四二　道幸については「古へわ座敷にどうこふかまふるは貴人又は起居不自由の老人

の事に候どうこふの字古へ道幸と云人の好ミなりと」(茶事朱紫)、「道幸とは紹鷗作意也、古ハ葭架《よしだな》と云有レ之也」「四疊半道具置の左の脇に道幸を仕込申候。是ハ西の宮、傀儡師道幸の坊と云もの箱を樂屋にして人形を廻したるを紹鷗心付き箱の寸法を取茶の湯の樂屋にしかへるへしと道幸出來申也」(貞要集)、「是は壮年以後の物也」(茶道便蒙抄)、「堂庫之事壮年ノ者ハ不レ用五十歳以後ノ者ノ用法也」(茶道要録)と考えられているが明治初年に出た「湖月抄」には「若き人にても遣て宜し」と記している。

待庵(一七図)の製図には新古数種の起こし絵面及び実測図すなわち「囲おこし図」(覃斎　文政七年)及び近衛家に伝わったという「妙喜庵囲建地割」という徳川時代の起こし絵図の写真、三昧社の「数寄屋おこし絵図」本多錦吉郎氏の茶室構造法、同「茶道図録」、建築工芸叢誌中の見取図、その他明和二年の写本宗友記中の寸法書、大熊喜邦氏の「数寄屋建築」中の寸法書等を参照したが、それらは多く互いに相違点を持ち、いずれを信ずべきか判断に苦しむところがあり、部分的の写真に比して、いくらかずつ各々明らかに誤りを発見するので、それらによって製作したこの図面は決して満足なものではないと思う。折釘一本打つにも一分の差をも見分けたという利休の形に対する敏感と、また常に矩尺を懐中にして配置を考えたという利休の精進とを思い浮かべて、その茶室をこの程度で止める事は甚だ不満であるから次の機会には自ら実測して正確にしたいと思う。

しかし松琴亭茶室図(一八図)は一部分かつて自ら実測をした事があり、比較的間違の少ない実測図(東京帝国大学所蔵のもの、及び京都仙洞御所二条桂修学院離宮御写真及び実測図集、前者より後者の方がやや間違いが少ない)、および写真を参考として製図(等角図法)したものでやや真に近いものと思う。ただし腰張紙が製版の時不明になったところがあり、炉縁のところの畳の縁が落ちている。

今日庵(九図)これも不確な箇所がある。華頭口の上部は「囲おこし図」(覃斎)及び「数寄屋おこし絵図」(三昧社)および「茶室構造法」(本多錦吉郎)等にまるく出ているのでまるくしたが他の徳川末頃の起こし絵に袴腰になっている。これは袴腰の方が正しくはないかと思うような以前に見た記憶がよみがえって来ている。

ここで私は従来図面のみで伝えられている何々好みなどいう茶室の図は非常に不確かなもので信ずべきはただ大体の平面図くらいのものでないかと思うことを付記せざるを得ない。

口絵(本文中に収録)の写真は建築工芸画鑒、建築工芸叢誌、京都仙洞御所二条桂修学院離宮御写真及び実測図集、茶室、茶室と茶庭、座右宝等より複写したもので、ここに記して感謝の意を表する。

『建築様式論叢』六文館、一九三二年より

現代建築に表われた日本趣味について

一

近頃建築界において東洋趣味とか日本趣味とかいう言葉が使われ、それに対する相当な評論がされた。またそれを表現しようと努力した設計(主として懸賞応募案)も行われ、実施されたものも出来て来た。今までに行われていた東洋趣味日本趣味と称するものは、多く建築に表われた形の問題として行われていて、その材料や構造法や、施行法についてはほとんどその東洋趣味、日本趣味が追求されていない。むしろ材料や構造や施行法においては東洋趣味や日本趣味を排して、現代の材料(いわゆる西洋建築材料)と構造法と施行法とを使用して如何にその形において東洋または日本趣味を表わさんかの一つに関心が掛けられているようである。

先頃行われた幾つかの懸賞募集の規約または心得の中に、それに触れた言葉は、京都美術館では「建築様式ハ四囲ノ環境ニ応ジ日本趣味ヲ基調トスルコト」であり、軍人会館では「容姿ハ国粋ノ気品ヲ備エ壮厳雄大ノ特色ヲ表現スルコト」、日本生命館では「落着キアリ品位アリテ自カラ大衆ノ心ヲ誘致スル風貌」を備えて「東洋趣味ヲ基調トスル現代建築」、東京博物館では「建築様式ハ内容ト調和ヲ保ツ必要アルヲ以テ日本趣味ヲ基調トスル東洋式」というようなもので、これらの言葉の中から日本趣味とか東洋式とかが如何なるものであるかは、その付言の「四囲ノ環境ニ応ジ」とか「内容ノ調和ヲ保ツ」ということが意味をなすのみで、日本趣味や東洋趣味そのものの具体的な意味は何も表わされていない。しかし当選案発表の結果から、また審査員の意見が多くは「満足なる結果」であったことの裏書きによって、日本趣味や東洋趣味という事は過去の支那及び日本にて完成された木造建築様式を鉄筋コンクリート鉄骨構造にて模造するという事が大部分であるといってもいいようである。またこの趣味のもので歌舞伎座とか、震災記念堂とか遊就館等々が実施されている。

日本趣味をかくの如く理解する事を反対する人々の意見では「渡来して百年にも満たざるこの新構造を用いて如何にして二千年の歴史を持つ日本木造建築等の洗練さをその形式の上から写し得るであろうか?」「似て非なる日本建築を作って光栄の三千年を汚して民衆を欺瞞するか? 最も素直な謙譲な正直な偽りなき博物館を建設して文化の正当なる継承者としての努力をなすか? 後者の途こそ真正な日本的な途であ

り東洋の心」であると東京帝室博物館の応募者の一人前川国男氏は自己の案の説明書中に記している。同氏の案は当選案よりも優れた点がある事が多くの人々によって認められたにかかわらず選外佳作にも入らなかった事からして、この思想によって作られた同氏の案は審査会によって恐らく「日本趣味云々」の項に該当しないものとして落とされたのではなかろうかと推察された。そしてこの事実の噂も聞いたことがあった。

また他にも例えば中村鎮氏の「東京帝室博物館の建築様式について」という文中にこの日本趣味を基調とする東洋式を適切なる要求とし、「最近数回ノ建築懸賞設計ノ経過ヨリ観テ技術的立場カラ該競技ノ審査員会ニ信任ヲ置ク事ガ出来ヌ」という京都の日本インターナショナル建築会の声明書を駁し「現代において称せらるべき日本的なるものまた東洋的なるものは決して淘汰し去られたる過去の日本古建築すなわち木造建築の鉄筋コンクリートによる模造であってはならない。新材料鉄筋コンクリートはもはや自からの形式を創造するに足る充分なる構造法を持っているからである。新材料鉄筋コンクリートによる形式はその材料的特性を最もよく活かしたる有機的構造が、日本の特殊なる気候に適応するために生ずる、日本的なる形式でなければならない」と結論している。この解釈が当時の懸賞募集心得の真の意志に添うものか否かは甚だ疑問である。何となればかくの如き形式は特に「日本趣味を基調」云々の如き言葉を発せしむべき特別な形式でなくて一般目的建築の当然なる形式でなければならないからである。

前記二氏の思想は現代建築界の進歩した方面の思想であると考えてよいのであるが、しかし現代建築界の日本趣味東洋趣味なる言葉が表わす現実の真相を把握しているとはいわれないであろう。かくの如き思想からは決して建築様式は「内容ト調和ヲ保ツ必要アルヲ以テ日本趣味ヲ基調トスル東洋式」あるいはまた「四囲ノ環境ニ応ジ日本趣味ヲ基調」の如き言葉は出ないで「内容ト調和ヲ保ツ」「四囲ノ環境ニ応ズル」様式だけで必要にして充分なる条件と考えるであろうからである。

要するに現代建築界が特に日本趣味と称するものは材料構造を全く異にした過去の様式のそのまま、あるいはその一部詳細の模倣再現を意味していると私は考えてそれについて自分の考えを進めてみよう。

二

日本趣味とか東洋精神とかいう事を特に表明する思想の中には木造建築の長い間に発達した洗練された伝統そのものの尊重の精神と、その表現において否定すべからざる美しさを持っているために牽引される心情とが、主なる基礎となっている。伝統尊重の精神は常に保守主義となって、その極端なるものはいわゆる国粋主義となって表われる。第二の過去の美に魅惑される心情は、前者の中にもふくまれているであろうが、多くは芸術の自由な観照的心情と伴って、ただ美に関する限り保守的に表われる場合が多い。建築となっては材料、構造、施行、様式の総てにおいて保守的であって伝統的な旧来そのままで表われてなければ満足出来ない傾向で、茶室建築とか社寺建築等の中に多く表われる。その中の進歩的な考えや、あるいは他の耐火耐震等の欲求からやむを得ず、材料、構造、施行に新しいものを採用し、その形態のみを守ろうとする第二の傾向が出る。これが現代の多くの論争を起こした博物館や、その他歌舞伎座等を含んだ日本趣味様式となる。次にこれらと対立するものは東洋に対する西洋、日本に対する外国であって、第一にいわゆる西洋建築様式主義である。これは多く欧洲で石や煉瓦で発達した建築様式を新来の新材料に応用しようとする主義である。先の日本趣味が木造建築の様式を新材料に応用しようとするところに対立をなしながら同じ見地に立っているものである。この種のものは今の多くの銀行や商店などに例がある。第二に外国の模倣である。これは資本家にとってのアメリカ風とか、貴族趣味の英国風で、それが日本の銀行や住宅の形態様式を如何に支配しているか、またアメリカの気紛れなスパニッシュ様式などいうものが如何に日本のクラブや住宅に速やかにまねられたかを見ればわかる事である。これはまた美術関係におけるフランス美術の影響に伴うフランス趣味やコルビュジェ風など、思想関係におけるロシヤやドイツの先端的傾向などの模倣にも表われる。これは多くの場合無批判に表われる事大思想や流行性の結果である。

このほかになお一つの立場がある。ある人はこれで総てと考えるかも知れない、それは新しい材料、新しい施行法による総ての建築をこの外国模倣の中に入れる事によってこれで総てであると考える見方である。しかし現代の人々はそれでは満足出来ない。他の一つの立場というのは学術においても材料においても、施行においても、日本はすでに相当に学び、成長し、これからは自分のものとして彼等と同じ標準に立って建築を行い得るという自覚に伴う自主的立場で、その中には模倣やまたその模倣に対する反動的傾向等は存在出来ないで、そこには科学を基礎とした建築技術の合理主義があるのみである。それには合理主義的立場にある外国の建築と似たところが、自然に出て来るかも知れないし、また日本の過去の木造建築に類似の点が生じて来るかも知れない。しかしそれは外国の流行や、過去の木造建築の粋の再現を企図する試みとは全く縁がないものである。

こういう態度から生じた建築は「科学的考究と認識、医学、自然征服、交通方法、及び幾千となき文化の観察がインターナショナルである如くインターナショナルな建築」(H. Hildebrandt)であるかも知れない。あるいはまた「建築は常に国民的であり、なお常に個人的であるが、しかし、個人―民族―人間の三つの同心円の中最後の最大な円が他を取り囲んでしまうために生ずるインターナショナル建築」(W. Gropius)であるかも知れない。しかしそれは結果である。これはある一部の人が考えるようなインターナショナル建築が目的ではない。勿論また形において、フランスで適当な建築を地理的条件の異なるロシヤに建てんとするが如き極端なるインターナショナル様式とは異なってくる事であろう。こういう建築の傾向は上記の四つの傾向と異なった新しい一つのものであると考えていいであろう。私の立場もこれに属している。この立場から「日本趣味」建築を考えてみようと思う。

三

現代の日本趣味様式とは前記した如く大部分が建築の形の問題である。形の問題は形の美の問題である。

建築の美という如き問題を素朴な方法で取り扱う事は充分にその目的が得られないが、日本趣味の問題がこれに関している以上あえて試みてみよう。

ここでは美とは何であるかとか、美と快感とはどんな関係にあるか、美をかくの如く分類する事は妥当であるかというような問題には触れない。ただ日本趣味建築の美がどんな美に属するかを知るため都合のいいように分類してみようと思うのである。

第一、主として知性によって把えられる美。第二、主として感覚によって把えられる美とに大別する。そして第一をさらに、1功利の美と、2組織の美の二つに分かち、第二を3功利的結果から自然に生じた美と、4功利的限局の中で意識して求めた美、5表現の美の、すなわち全部で五つに分けてみる。そしてこれについて簡単に素描してみよう。

1　功利の美。建築の中には記念碑や墓標の如き純視覚的なあるいは理念的な目的のものは特殊なものとして、ここでは触れない。ここでは功利的な我々の実生活上の目的建築の範囲でいうのである。一般に建築の美は意識的な知的な意志的な快感であると同時に感覚的な快感でなければならない。何となれば建築は生活の容器、我々の日常生活のための道具であって、建築の視覚に対する関係は、心的活動の一切を傾注して視覚の中に生きる、すなわち色や形の世界の生命を「全身を眼として」理解しようとする如き美的観照の対象としての建築の場合が全くないではないが、多くは我々の日常生活の散漫な弛緩した態度に応ずる単純な感覚的存在であるからである。単純な感覚的効果をその目的としない絵画や彫刻が意識と意志との参加なくしては、綺麗とか快いとかいう感じがない事をも少しも意に介しないが、建築においては少なくとも感覚的不快を除去しなければならない。この点が建築と他の絵画や彫刻と分かれる契機であろうと思う。ここに功利の美という如き他の芸術にはない特質が表われて来るのである。

功利的な美は合目的的な美といってもいいであろう。それはごく単純な我々の日常品から精密機械に至るまでのさまざまの道具及び機械を初め自動車や飛行機の如き交通機関から建築に到るまでの種々の形、大きさ、粗密の一切の中に表われているであろう。しかしそれは美といい得るほどに到っていないでただ単に目的の遂行に手段が適当した時の満足の快感の程度のものが多いであろう。しかしその満足の快感を視覚的に把えられた物象の中に予感する時、その物象に愛を感じ視覚的に不快でない以上ある種の初発的な美が成立し得るといってもいいであろう。ここにいう功利という意味は一般にいう利用という意味とは異なっている。一般に利用という事は紙幣の如きものを例にとって見るとき、紙幣の価値はその印刷の宜しさ美しさという事の他は総て利用価値であるが、それはそれ自身が持っている価値でなくて他の価値あるものと換え得るという如き状態の価値に過ぎない。しかしここにいう功利の価値は物自身が本質的にもつ固有価値である。目的を充分に満し得る能力を有する物象がもつ価値である。その目的遂行の能力が知性的に把えられ感性的に満足の快感を生じた時にその物象は、ある種の美的価値を持つであろう。それが功利の美的価値である。我々は建築においてよく設備された便所の如きに明らかにこの美を認める。嗅覚的にも視覚的にも不快が除去され衛生的に充分に信頼し得る如き完備した便所、それは器具やタイルの白いガラス質の表被や豊富な清浄な水、その他適切な機械設備や薬品等の中に完き姿として明瞭に把え得るとき、その反対が不快であればあるほど、大きな満足と共に美を感ずる。また軍艦などを見る時、その偉大な破壊力と防禦力とを発揮している間は非常な美観を感ずるが、一度それ以上の能力を有する新型のものを見るに到って今までのものに感じた美感はその大部分を消失して、ただ単に純形体としてのみの僅かばかりの美が残るだけになることは誰しも感ずる事である。その失われた美はとりも直さず功利の美と次に述べる組織の美とである。

しかし如何に目的遂行を知性的に認識し感性的に満足を予感してもその手段の具体化が感覚的に醜悪である場合は美は存在しないであろう。

建築においてはその目的が軍艦や機械の如く単純でない事が多いために、この功利の美は非常に不明瞭なのが常で、宗教建築や墓標の如き功利的意味が情緒的であって不確定なものは、多くの場合他の要素の過大のために一層発見し難いが、工場や停車場等になるとよほど明らかになってくる。要するにこの美は建築においては広く根強くすべての部分に行き渡っていると考えていいであろう。建築においてこの功利的満足の感が少ない場合は、それは不便とか、不健康とか、危険とかいう場合であるが、他の美が備わっていても、それは我々の静観的態度を乱して、他の美的要素を意識的に把える事を妨げるし、また知性が感性との調和を乱すために結局は美的感情の成立が不可能となるであろう。

2　組織の美。これは人間の能力に対する讃美の感情が基礎となる美をいおうとするのであって、建築においての構造や組織に対する美観の中に形態の美以外にこの種のものが存在する事を述べようとするのである。

一般に重力に関係した美は、建築の美の基本的なもので、次に述べる形態の美も重力感を離れて表われている事は極めて僅かである。重力の感じは取りも直さず建築における軽さの感じででもある。これは新石器時代のメンヒルやドルメンといわれている単純な建築には最も純粋に著しく表われるもので、素材その物、質量と重さにのみに、その美は掛かっているといっていいであろう。こうした単純なものから迫持や穹窿などの石の建築やあるいは木造の組物によって支えられる日本の木造建築の美に進化して、重さの感じは単なる重量の感じではなくて、組み立てられた力の感じで自然の力(引力)と人間の意志の力との平衡状態に対する構造の美である。それが現代に進んでは鉄筋コンクリートや鉄骨構造の如き立体架構になる時は一層進化して、単に支えるとか架するという個々の問題でなくて、立体架構一体としての複雑な力学的、因果関係の中に前に見た石造や木造よりも一層大きい構造美を発揮する。この重量の関係は建築の最も困難な部分であって、過去においてはこれを如何に制御し得たかが建築の総てでないにしても大部分であった。これが現代においてはかなりの自由を得て、他のそれ以上の機能的方面に目が向けられるようになっている。重い石材を高く積み上げ四囲から丸くまとめられて大きなドームとなる時、今まで重い石材が相互に迫り持って重量上均衡を保ち軽々と天空高く聳える事実を眺める時、その物の大きさから受ける壮大の感が最初に来るであろうが、次にはあるいは同時に、かくの如き重力という自然の大なる力に対抗して築き上げる人の努力と、かくの如きものを計画し構成し得る人の叡知に対する讃美が、ただ物体を通じて、目のあたりに意識されるために、そこに非常に大きい美を感ずるのである。我々が今の建築においても大きい建築の鉄骨材の組み上げられたる時には昔のドームと同じ種類のかくの如き美を感ずるであろうし、また鉄の橋梁などにその形態美以外にこれを感ずるであろう。現代においてはかくの如き構造的方面ばかりに表われるのでなくて、室内気候の調節のための冷房、暖房、通風等の設備や照明装置や音響的設計や、諸種の交通上のあるいは通信、通話上の機械的設備や上水、下水の衛生的設備、あるいは種々なる室の配置やその統制機関の組合せ等々、大なる高層事務建築やホテル建築等の複雑にして多岐な組織が一つの完成された建築として理解し眺められる時にも同じく感ずるであろう。また小さなる独立した住宅の如きものにも、そのこまごまとした諸設備が能率的に、経済的に纏め上げてある時には必ずやこの感じを愛ずるであろう。

次に主として感覚にて把えられる美。これは形態と色彩の美である。建築のこの美を便宜上設計という行為の中に表われる意欲の方面から前に述べた如く三つに分かって考えたい。

3　功利の美のところでも述べたように、功利的手段の結果が、単なる形象としての形態の美を生ずることがあり得るであろう。この形態の美は視覚上に、視覚に再現された触感の上に純感性的に美感を感ずるのであるが、これは少しも美のために求めたのでなくて、功利的手段が具体化した結果として自然に生じたものである。これはどこまでも形態の美であって功利の美ではない。その功利的価値が消滅してしまった後にもなお美を感ずる機械のある種のものなどに残って見られるであろう。建築にあっては、他の形態美と一緒になって表われているのが常であろう。

4　次に意識的に求められ作られた美には二種類あるであろう。その一つはこの功利的限局の範囲で意識し求めた形態美や色彩美で、他は次に述べる功利的限局などを考慮に入れない表現的に創作された美である。この功利的限局の範囲で求められた美も功利的に適応した結果の美も実際においては離れないで、技術家自身も美の企図を意識しないが、知らず識らずの中に人の本能によって美化が行われて行く事もあるであろう。

「誰も知る如くただ一つしか解法がないというような技術的問題はない。計画に全く適合しているにかかわらず、同じ目的に達する無数の構造的可能性が存在する。調和ある解決を発見するためには形や線や面の取扱い方に対する鋭い感情がなければならない。こういう形態感情は一般に充分に発達しているといっていい」(Kurt Ewald)。

これは機械の美についていわれているのであるが、技術上の合目的的構造というものがかくの如く思弁的には無数である事が可能にしても、実際には現在の目的に添うための、現在の技術力で、現在の経済上の制約で、そんなに多くあり得るものではないが、ただ一つしかないということはほとんどないであろう。恐らくは優秀なる合目的的解決法の幾つかの中で、全体としてあるいは纏まりある全体としての一つの部分として、美的関係が考えられその一つが選ばれるであろう。かかる意志がすべての隅々にまで行き届き滲み透るときに美が作られる。建築においてこの方面は実際には必ず古代からあったはずであるが、外面的には、表現的美のために隠されて、様式が伝統化したためにこの方面は無意識に看過された。しかしこの美は現代建築の先駆をなした幾種もの美しく功利主義的に整理された工場にまず表われ、そして現代の合目的建築のすべてに充分自覚されて表われるに至った。

5　表現の美。これは美的感情を組成する意識生活の昂揚を目的とするあらゆる手段が持つ美であって、功利的結果として得られた美や、功利的限局の中に求められた美よりも美に関する限り一層積極的な性質のものである。

形態の美は総じて光とか色彩とか触覚上の効果とか比例とか布局とかいう比較的基本的な素因に分析する事が出来るであろう。そして光とか触覚感などは最も初発的な単純な効果で終わる場合が多いであろうが、色彩とか比例、布局等は単純なものから非常に複雑なものにまで達し得るであろう。例えば単なる一個の部分においてもその長さや広さや厚みや重さなどの間に、色彩が加わって種々な色彩や種々な濃度、強弱によって全体と部分との比例において布局において非常な複雑な調和や均衡の種類や、様々な段階が発展するであろう。そしてこれ等の関係によって得る美的効果を企図する意志が、功利的限局の範囲内でも技術的に指数を示し得ないような場所にしばしば表われる。美が積極的価値である以上、如何に建築を機械と考えるような見方に立つにしてもこの意志を全然拒止する事は無意味であろう。それは一面に表現的な美であるにしてもなお前の功利的限局の中で求めた美の中に入れてもいいかも知れないし、またそれと区別するにしてもここで述べようとする表現的美という如きものとは程度がよほど相違しているであろう。ここにいおうとするのは、既成の様式主義から出来た諸建築やプラッツの言の如く大都市建築の「謝肉祭的相貌をした」建築、その中にはモダン様式と呼ばれる現代的感覚を表現するための形式主義や、反動的表現の国粋様式等々に見られる建築上の表現の中の美をいおうとしているのである。それらの表現が、ある意味において大に功利的意味を持っている事は否定出来ないが、前に述べた功利的局限の中に求められた美とは最初から建築に表現が求められるところに非常な距離がある。これは功利的目的に添う事によって頗る限定された美に比して自由な広範な表現美である。現今の日本趣味建築の美はいうまでもなくこれに属している。以上のように五つに分けた美が常に判然と分かれているのでなくてまたその分量も種々な比例をし実際には相錯綜して時には一つに融和して区別するに困難であるが、その性格的な特徴は建築の種類によって、例えば工場とか住宅や、凱旋門や墓標等に充分に表われるであろう。

今までの建築史においてはほとんど全部が、この表現美を持った建築をのみ取り扱って来たといっても過言ではないであろう。墳墓、記念碑、宮殿、寺院の歴史を除いたらば建築史の大部分がなくなってしまうであろう。それらの多くは奴隷的労力、専制的権力、戦争、そういうものによって、誇大され誇張された表現をもって表われて来ているし、民衆の支持をもった宗教建築も神の家としての集会所であり、礼拝堂であったために必然的に表現的であった。功利性へ表現性が付与されているというよりも、表現性へ功利性が付加されているのである。この時代であっても勿論功利性のみより生じた建築があったであろう。初期キリスト教会の中には、ラヴェンナ近くのサンタポリナーレ・イン・クラッセの如く、板垣鷹穂氏の言のように「純然たる目的建築」と見なせるものがあったであろうし、その他にも多く種々なものが目的建築であったであろうが、社会の要求の推移と次の時代に来るところのより有効なるもののために次々に何の記述もなく亡びて行ったであろう。近代になって目的建築が建築として、「芸術はただ一人の主人を知るのみ。それは必然という」(G. Semper)とか「合目的的、必要様式(Nutz stil)」(O. Wagner)というような思想の後に次第に表われて来た。それについて資本主義の繁栄、科学と工業との進歩発達等のために現代は機械まで美意識の対象とされ、「住宅は住む機械」というような流行の言葉さえも作られた。事実、機械は美的対象になるほどに整練されて、建築は過去の如く形而上学に属する目的のためのものでなくて、工場や飛行機格納庫や集合住宅におけるが如き現実の生きた目的のために作られて「最初からその構造的機能の中に美を内包する建築すなわち構造自身がその相互関係の緊張によって、物質的必然性を超えて美的形態にまで高められる建築」(J. J. Oud)として計画されて表現的欲望が顧みられなくなったといってもいい。しかも、過去の表現的美の建築よりも新しき美意識に対してよりよく強く打つところの合目的的美を創り出したといってよいであろう。

合目的的美とは取りも直さず功利的限局の中で創作された最大の美である。

四

以上の如き建築の美の見方を一層明らかにするために同じ見方を機械の美に向けてみよう。

ここで私が意味する機械とは、軍艦や汽船や飛行機や自動車ないしは起重機の如きものを指すのでなくて、もっと常識的に機械らしい複雑な「からくり」のある道具(Zeug)を機械(Maschine)と呼びたい。軍艦や汽船の如きは水中に浮かぶ道具であるところの船という部分と、船室や、指令塔の如き建築という部分と、機械等からなっていると考えられるし、自動車の如きシャシー(Chassis)と称する車の部分と座席を有している部分の建築と、車の一部の中にある発動機という機械とからなっているという風にここでは考えたい。

第一の功利の美は、機械の性質上功利的な満足感が形態を通じて得られるにしても、美となる程度にまで高められる事は建築におけるよりもなお稀であるであろう。功利的な満足がなければ機械の目的が達せられないという事で、それは存在の理由を失って全く醜となるであろう。その逆である場合の美あるいは感覚的に多少不快なものでも全体として醜を感じない場合の功利的満足の快感とその形態との関係は機械全体の美を考察するには見逃せぬ一要素である。

次に、組織の美。これは機械における最も性格的な美である。機械の構造組織は専門以外の者にとっては理解する事は勿論容易に想像も出来ないものが多い。しかしその効果においては今までの不可能を可能にするが如き、あるいは想像もなし得なかった目的の遂行の如き、その効果を目のあたりに出現する事によって、その組織構成の偉大なる力を、また目的遂行のために払われた努力の多さと発明的天分の豊富を観者は意識的にも無意識的にも感ぜざるを得なくなる。発動機の如き運動の烈しいものから天体望遠鏡や顕微鏡の如き静かなものに到るまで、また専門外のものから想像以上の能力を発揮する例は多くあるであろうが最近私の実感した例は栖原式高速度写真器の如きである。それは形としては黒くぬられた鉄の感覚的には決して快とはいわれぬ大きな丸型の箱で、その中には美しい曲面のある鏡が入っているはずだけれどもそれは外からは見えない。それが幾万分の一秒間の間に、飛び行く弾丸や破壊し行く電球の状態を、またプロペラによって攪拌される空気の歪みまでをも撮影し得る如き絶大な能力を知る事によって、かくの如きものを創り得た人の知恵の豊かさ、深さ、高さに対する崇高の感情と、それを作るまでに払われた努力に対する同情が知らない間に心に満ちて鉄の黒い丸い箱が見る者にある種の崇美をもって生命を有するが如く迫って来る。それは功利的美も伴って来るが、大部分この組織の美という範疇に属するものである。かくの如き感動を美とする事は、形態や色彩の美とは性質が甚しく異なるが、視覚を通じて、現実に我々の心に崇高な感情が満ち滲み透るのであるから一種の美感といってもよいであろう。

次に主として感覚によって把えられる美。ここでは主に形態の美である。これは多くの場合、機械が目的としなかった結果のものか、あるいは形態美が意識されるにしても合目的的であり、能率を害しない狭い範囲で行われるに過ぎない。それ以上を出た場合は、それは良き機械ではない。機械の自殺である。我々の直接感じるのは輝く金属や歯車の複雑な配置の中に形態的に、色彩的に美の感情を受けるのである。しかし前の組織の美に比しては、極めて小量であるであろう。機械存在の出発がかくの如きものを目的の中に少しも持たないからである。今まで多く機械の美として論ぜられたのは機械の性格的な第二の組織美を問題にしないで、この形態の美に重きを置いたのは、飛行機や自動車や汽船の如きものを対象としたからである。かくの如きものの形態美は機械の美というよりも建築の美、あるいはそれに非常に接近した道具または器具という名で呼ばれるところのものの美である。飛行機の如きは機械として最も機械らしい性格の部分は発動機にあって、決して翼にはないであろう。そして飛行機の形態の美は大部分は翼に負うているといっていい。その発動機は油じみた、複雑な、無気味なものである。各汽涌が一つの中心に円形に取り付けられているところに放射状のまとまりある幾何学形をなしているが、V型式の発動機の如きはそれもない。発動機よりもプロペラに、プロペラよりも翼に美がある。それは純然たる形態美である。形態美であるがゆえに、専門家でないものには旧式に属するがゆえに最近式のものよりも必ずしも醜とは感じられない。例えば今では旧式のキアプロニ式三葉式機の如きにおいて特にそう感ずる。そこに感ずるのはもはや翼の張と柱との組合せであり機体と尾翼との量的、位置的比例関係であり、プロペラと発動機が著しい生きた中心を作って引き締めている一つのまとまりある形態の美である。自動車の美などはなおさら機械はかくれ、車という道具と車体という建築的部分の形態美である。この機械でないところに形の遊戯がその視覚上の効果のために能率を下しても行われるような事が生ずる。この事実については「航空機の形態美に就て」(板垣鷹穂氏)に述べられている。かくの如き一面は機械であれ建築であれ、造形意識から視覚上のみならず総ゆる方面に調和と統一性を求める文化的発動の一面であるとも考えられるが、しかしそれは機械としては勿論美的要求を多少持つ道具としても根本の目的を少しでも離れる以上は堕落であって克服されなければならない欠点である。

機械を建築に比べて見るとき建築は「功利の美」という点についてその性質はほとんど同じであるとしても、組織の美においては機械におけるよりも一層視覚的である。構造の形態でも、平面組織や設備の方面においても、露出されて、明瞭なる事が一つの要求でもあり、隠蔽されるにしても極めて単純である場合が多い。大ビルディングや大ホテルなどの組織なども一般の人にも見れば充分理解され、ただ複雑なのはその機械設備だけである。一般に建築と機械とは複雑さと大きさとの点で差が認められる。機械においてはこの組織の美がほとんど全部であるといっていいが建築においてはむしろ次の形態の美に比してよほど少ないであろう。多くの機械が、旧型になれば、その美観はなくなって、ただその形態が多少の形態美を残すというだけで、見られなくなるのは、もはや崇高の感情にまで高めた人智の到達した高い程度の讃美が失くなってしまって、逆に旧式なものとして幼稚なものとして感ずるからである。建築においては構造の如きものは、それが旧式に属してもなおその力学的関係はそのままで構造の美を作っている。

形態美に到っては、機械はただその機械らしくない部分やまたは付属的な台とか蓋とか箱とか等のほかは、前にも述べた如く金属的光の美やただ単なる比例関係の美や複雑な組立などの美である。それは建築の美のところで述べた、功利的結果の形態美である。もし功利的限局の中で求められた美があるにしても、それは非常に初発的な低い程度のもののみであるが、建築においては最初から積極的に生活に価値あるものとして必然的に美が求められているので、この形態美は他の種類の美よりも遥かに多くまた高い程度において存在しているであろう。特に過去においては他の美を排してもなお表現美を求めたために一層過重になりすぎて、生活の容器としての建築からは特殊な誤られたものとして見られるほどである。

この形態そのものの美は機械にしても建築にしても容易には変化しない美である。人の美意識は時代と共に断えず動いているであろうから、それに従ってこの形態の美も変化はするであろうが、それは功利の美や組織の美が急激に変化していく如く変化するものではなく、長い時間に徐々に変わっていくに過ぎないであろう。

機械においてはこの形態美の中にはなお機械の特性的な運動せる形態美があるであろう。それは建築には見られないものである。あるいは単純にして規則正しき明快な動きや、非常な速い運動等はまた他の一つの美の種類と考えてよいかも知れない。

今私が意味したような機械では建築と共通のところもあるが、またかなりに異なるところもあって、建築は機械と同じ物ではないが、しかし、自動車や汽船を機械とするならば、建築も同じく機械といえるであろう。

「住宅は住む機械」という流行語を作ったコルビュジェにしても同じ書の中で「建築は芸術的事実であり、内的感激の顕現であり、構造的問題を遥かに超えた彼方のものである」ともいっているしまたギリシャのパルテノンさえも現代の自動車と比較されて基準の完成整練の結果として、その外観は「機械学の感じと結び付き得る」といっている。建築と機械との関連がこんな意味で使用されているコルビュジェの機械は、今ここで述べているような工学技術的純粋な形態としての機械とは非常な距離がある。

五

以上の如く分けた美は、それが同存し得るか否かを考えてみる必要がある。これは今までに記したところですでに大体述べられてはいるが、功利の美と組織の美の如きは勿論同存の場合が多くて決して相侵すものではない。問題は形態の美の中の表現美との関係だけである。表現の美も功利的限局の範囲内にある間は何等背反する事はないがかかる事は稀であるといっていい。表現の美とは自由の美のことである。制限と自由とは相容れない場合が多いからである。

現代の日本趣味建築の日本趣味の美は第一の功利の美とは相反する。それはその表現のための構造が功利的満足感を減ずるからである。これは後に述べよう。

第二の組織の美、構造の美では、日本趣味が材料を異にして表わされているために、構造として矛盾が生じて、構造組織の美を不純にしている。また表われた形態の美は模造の美である。模造が目的でない以上は模造の美は第二義的な美である。

ここで目的を持った建築に、その目的の限局を超える恐れある表現の美を付与する事は結局建築本来の美を相殺しないまでも不純にするものであると結論していいであろう。

そしてこの意味でも日本趣味建築の如き美は排されてもよいであろう。

「全ての技術及びそれによっての技術的純粋な形態は移り変わりやすい。人はもしもそれが目的に添わなくなると何の顧慮もなく破壊してしまう。芸術の形態は永遠である。損害なしにはそれを否定する事は出来ぬ。破壊と共に世界からそれだけ美の一部が消滅する。美は愛から来るので打算された考慮からではない。その根は技術家が現実の世界にのみ誇っている間に彼岸にまで達している」というハンス・ペルツィッヒの言葉は建築の表現主義である日本趣味主義から利用されるかも知れない。しかしこのペルツィッヒの意味する移り変わりやすい技術的純粋な形態は建築よりも機械や道具に当てはまるのであるが、それにしても美がないとはいえない。前に述べたように移り変わりやすいところにその美の特殊性があるのである。しかし建築の技術的純粋の形態は同じく移り変わりやすいにしても、その性質上功利性を消失するほどの変化は急激には来ないし、またその技術的純粋形態も本来が視覚的であるために、過去の古い型の物にもなお美を保っている。建築にあってはなお功利的限局の中の形態美をも考える時、表現美がないといってもなおそれは大きい美的事実である。むしろこの頃はその表現美がない方が目的建築においてはなお一層本来の美を発揮する事を事実によって経験しているのである。

美を創り得る能力と美を見分け得る目とを持った技術的形態がペルツィッヒのいう如くよしや不用の時に破壊されるにしても、なお美を持った形態であり得る事は否定出来ない現代の事実である。

六

日本趣味を美に関する範囲のみで今までは見て来たのであるが、ここで建築の全般から見る必要がある。

功利的限局の中に最大の美を求めるのが現代の建築であると前に述べたが、しかし、功利的目的が、建築においてはコルビュジェもいっている如く機械の如く明確ではない。

人間の生活の容器としての建築は、その最初の目的、自然の脅威から隠れる家として以上の要求は幾多の不定な個人差のあるものである。しかしその不定な個人差の多いものも次第に平均して平等に近づいては来るであろう。科学がその細々とした部分に、その消極的な要求や不定な目的のために充分に指数を示し得ないにしても、また経済的制約が時に反科学的な取扱いを余儀なくする場合が多いにしても、科学を基とした合理主義的方向が、進化の方向である事には相違ない。我々の目的の中の一部でも数字的に確定するものは科学の力であって、建築の全野においては、まだ発生的なものの継承や模索的な改良という事があるにしても、それはやむを得ず行われる過渡期の現象にすぎない。科学が進歩すれば進歩するほど計算的解決の諸種なる可能の野は拡大されて、建築の功利的目的も広範な領域において、総合され、組み立てられ、整理されて、美にまで達するであろう。制約ある功利の美と自由なる形態の美との背反が究極において調和して、この二元が一元に到着するところにおいて、真の妥当なる建築美が誕生するであろうし、この建築の美の理念が経済関係において調和する事によって、一つの十全なる建築を我々に指示するであろう。

ここに問題になった日本趣味建築を、合理主義の立場から見る時は第一に感ずるのは、功利的方面を第一にしないで、表現の美を唯一に求めているところに現代の建築としての特性を失っている事である。耐震、耐火等の要求のためには鉄材やコンクリートが現在における最良の材料であるが、その材料の性質を最も利用する構造が、木材によって発達した過去の構造と同じである事はあり得ない。過去の木造建築の美しさの大部分を占めている屋根を考えてみるとき、あの高い風の抵抗の大きい重量の多い屋根は何のためであるか、風雨寒暑のための掩護物という初発的な目的にかなうといっても、より簡単な、より経済的な、他の方法がある場合に何故になお固執するか、それに執着するのは、その美のためのみであるが、見るためにのみ作られる屋根が、その大きな容積は風の抵抗は大きく、その重量は地震の横力に加わり如何に柱や梁に負担をさせるか。また軒下の組物は木造建築として最も麗しい部分であるが、それを鉄やコンクリートで作る時如何に施行上の不自然な困難が伴うか、またそれが木造としてあるときの重量を支持した機能を大半失って、かえって柱と梁に負わせる荷重である場合が多いではないか。かかる種の具体的な細々した事は無数に出て来るであろうが、この二つはすでに実例のある最も大きな矛盾、功利と表現との背反の最も著しい例であって、私はかつて述べた事のある比喩であるが、これを食物に比すればその材料の中の栄養素を美味の要求のためにかえって毒に変じた食物とかわりないものであるといえるであろう。

建築は形が先に考えられて、材料と構造が選ばれる場合は、材料と構造が考えられると同時に形が出来てくる場合よりは、非常に矛盾が多く出来《しゅったい》してくるであろう。かかる矛盾も功利的目的のために生じた場合には、科学や技術の力の未発達のためにやむを得ず表われた事であって、それは次々に研究されて遂に克服されるであろう。しかし功利的目的でない表現的意味の場合には特に過去の形の模倣の結果としては、過去の材料を否定した以上いつまでも矛盾として残るものである。

七

日本趣味建築についてなお重大な問題は現代の社会的環境との調和の問題である。これについて最近問題になった東京帝室博物館の懸賞応募設計心得を例として述べてみよう。これはもはや過ぎた事ではあるがまた次にこれに類似の事が繰り返されるであろう。先にもちょっと出した同博物館の懸賞募集の際の「応募設計者心得」中には「第五、様式、意匠ニ関スル事項」として、

「一、建築様式ハ内容ト調和ヲ保ツ必要アルヲ以テ、日本趣味ヲ基調トスル東洋式トスルコト、二、陳列室内ノ意匠、造作ハ建物全体ノ様式ニ相応ズルモノナルヲ要スルモ陳列品ニ対スル歴史的還元ノ意味ニ於ケル特別ノ施設ヲナサズシテ単純化ヲ原則トスルコト」という条項がある。

これで見れば建築様式は内容と調和を保つ必要のみを特記して環境とか現社会とかいう意識が少しも表われてないところを見れば、現代社会に調和すべき事が内部に入れる物に調和する事より軽い事としているのであろうか、あるいはそんな事は問題としていないであろうか、あるいはいわずとも知れた当然の事として略しているのであろうか。博物館は今度国立古美術博物館の性質をもって復興されるとの事であるから日本支那等の東洋古美術をよく保存し得てなお一般公衆によく観照研究せしめる目的が根本の目的であるであろう。博物館が現代の生きた社会と、こんな意味でまず第一に接触を保っている。「方今人文日ニ就リ月ニ進ミ」つつある社会の中に施設の一つとして作られるのである。これを活用するものは現代である。そこには、現代の知識と現代の技術とがよくその目的遂行に適応する施設たらしめる事が現代生活に調和せしめる所以であり、それ以上に何ものもないはずである。如何に王朝時代の服装が美しいといっても現代人は着ていないし、如何に牛車が優美で高雅であるといっても人の乗るのは電車や自動車である。空には飛行機も飛ぶ、地下には電車も通うのが現代の環境の相である。その中には勿論発展の途次にあるための不完全や過去のものとの不調和などを含んだ混沌たる一面を持っているに相違ないが、進んで止まない活潑な健全な大きな一面は否定出来ない現代の現代らしい相である。それに調和すべき事が内部に入れる物に調和する事よりもまず第一に問題とすべき事柄である。如何に封建時代の讃美者といえど頭にチョンマゲ社裃付の服装で現代の都街を歩む事は狂気の沙汰と感ずるであろう。社会がそれを狂気の沙汰という所以は環境を無視した不調和にあるのであろう。かくの如き服装が排せられない場合は、手段を選ばない商業的広告術として、あるいは特殊な花見の道化としてただ辛うじて存しているのみである。環境との不調和という事は道徳意識から反撥される事である。環境と調和しないという反撥力は、文化が進めば進むほど敏感になって、結果として全般に向かって調和する事が進み行く方向でありその調和の度の高さが文化の度の高さを表わすであろう。かくの如き道徳意識は文化的全野にわたって要望されているであろう。ひとり建築のみがまぬがれる事はあり得ない。

帝室博物館が「手段を選ばない商業広告」や「特殊な花見気分の道化」とは最も縁の遠い聖旨を負える博物館である以上この文化的意識に逆かない施設として作らるべきであることはいうまでもないことである。

地をかえていえば、かかる意識があればこそ日本趣味を基調とする東洋式と定めたのであるといい得るかも知れない。この言葉の裏には西洋式と称する多くの既成様式が、如何に不調和かを自覚したらばこそ、かく注意をしたという意味が含まれている。事実この建築の建てらるべき傍にはルネサンス風のドームがあるが、かくの如き小なる近くのものよりも、全社会的環境と調和せんがためにかく注意したのではないかと考えられない事もない。しかしかくの如く解釈する事が不可能な事は内容と調和を保つ必要があるという言葉の意味を吟味すれば分かることである。

調和すべき内容とは「日本、支那其他の東洋諸国の古代美術を主とした考古学資料」である。かかる古代の美術や、考古学資料と調和するという唯一の目的の表現が現代の日本社会と調和するであろうか。それはいうまでもないことであろう。調和するとはいえない。これはその内容たる陳列品の美を不調和のために減少したり変質したりする事をおそれる時に、かく注意する必要があるのであるが、現代社会との調和を犠牲にしてまでも求める必要のあるものでもなく、またもし不幸にして内容品と不調和でもその不調和が積極的に内容品に働きかけなければよいであろう。この目的のためには陳列室の一部あるいは造作をその内容品と調和すべき特殊なものにするように二の項を変更すればよいと思う。

もう一度ここで考えてみたい事はその中の「日本趣味を基調とする東洋式」とは如何なる様式であろうかという事である。東洋式とは何を意味しているであろうか、東洋の二様式である印度式と支那式とのうち日本をも含めた意味の支那式を東洋式と呼んだのであろうか、特に日本趣味を基調としたると断わるのは単なる東洋式では印度式をも含むためであろうか。それならば日本式だけでよくはないのか。あるいは支那印度の物が陳列されるからという意味で日本式のみでは不可としたためであろうか。その主要部分が日本美術であれば、日本式だけでもよいように思われるが、ことさらに日本趣味を基調とした東洋式としたのは、日本美術にも調和し支那、印度の物にも調和するために作られるであろうところの未知の様式をかく呼んだのであろう。未知の様式を東洋式などと呼ぶことは甚だ奇怪な事である。これは前にも述べた如く、内容に調和する様式という語で充分であるから。ゆえに日本様式をも入れた支那系の東洋式という意味でこの語が使用されているのならば、それは取りも直さず木造建築の様式であって、かかる様式が現代の東京に調和するとは考えられない。また前に述べたように新材料、新構造の建築で、過去の日本の木造建築の屋根や破風や組物等を取り入れたものをかく呼んでいるとすれば、それは、いわゆる「葬儀自動車」式「フロックコートにチョンマゲ」式等という揶揄的な名称をもって呼ばれるものになる。そしてこの揶揄的な名称が「うがちたる言葉」として認容せざるを得ないので、先に述べた、「商業の広告」や「花見の道化」として許される扮装と同じものであることを認めざるを得ない。

私は日本趣味なるものの要求を無下に反対しようとするものではない。日本が存在し、風土的に大きな特徴を持つ以上そこに生活する民族の好みが、その特徴のために、世々代々に育まれて成長し、あらゆる領域に滲み込んでいることは否み難いことである。これが世界的交通や超民族的な科学の力で次第に土俗的領域を離れて、高い文化的領域に進み自然に人類共通の領域に入るにしても、なおそれは物の影の如く総ての分野に生きるものであろう。多くの科学者が超民族的な科学においても、なお民族的色彩を持っている事を等しく認めているところにこの消息は解かるであろう。

かくの如き好みが具体化した日本趣味を否定すべき理由は少しもない。この意味での日本趣味が建築においてはどんなものであろう。それは過去の木造建築の屋根や組物そのものではなくて、ただその中にも一部表われてはいるであろうといい得るに過ぎないものであろう。これを一々具体的に例示する事は困難であるが、それを作っている要素的なものに分類してみれば、材料上の好み、色彩上の好み、比例上の好み、調和均整上の好み等に分けてみる事も出来よう。これ等の好みの要素的なものは過去のあらゆる造形物に見出す事が出来るであろう。しかし、それぞれの類型を発見し、系統だてて分類する事は大きな問題で、また言葉で表わす事は不可能である。しかしこういう要素的なものは、すでに組み立てられたものや、すでに形に完成されたもの等に比して、工学が示す限局と背反する律は非常に少ないといっていい。

かくの如き要素的な好みの傾向もしかし固定したものでなくて時とともに徐々に変化するであろう。またこれは日本趣味として特に取り上げようが、これを故意に避棄しようが、それ等の態度如何にかかわらず、物の影のように出て来るであろう。ただ故意に発揮しようとすればまた故意に避棄しようとすればそれは不自然なあるいは幽霊のように不健全な相となって表われて来るといっていいであろう。

ここで私はこういいたいのである。博物館が保存、観照研究等の主目的が、現代工学の達し得る十全な手段によって組み立てられるところに、また目的に添わない部分を全部洗い落とした要素的な好みが、色彩や、比例や、均衡や調和の上に生かされて表われれば、それで充分に日本趣味の建築といってもいいであろうし、現代にまさにあるべき建築であろうと。そしてここで先に掲げた応募心得の第五をこの立場から修正してみれば、

一、建築様式ハ(現代社会全般ト調和ヲ保ツ必要アルヲ以テ)現代式トスルコト

二、陳列室内ノ意匠造作ハ陳列品ト調和スルタメ、陳列彩光等ニ支障ヲ来タサザル範囲ニ於テ歴史的還元ノ意味ニ於ケル特別ノ施設ヲナスヲサマタゲズ。(陳列品ト同時代ノ建築様式の参考トモナリ又陳列品ノ理解ヲ助クルタメニ)

ただし括弧内の文句は記入する必要がないであろう。こんな風に意味内容は全く逆転してしまう。そしてこの方が正しいものと思う。

次になお一つ問題が出て来るかも知れない。

保存とか陳列とか、観照とか研究とかいう事物的な目的を達する事のみ唯一の目的とする事は工場や事務所等の建築理念であって、記念的意味を持った博物館の如き建

造物に当てはめるべきものでないという非難の持つ問題である。

私はまず第一にこう答えたい。聖代の記念物として科学を唯一の基礎とする工学の最善を尽して組織し工作し、仕遂げる物以上のよい記念があるであろうかと。

しかし記念建築という要求の中にはかかる知性的な事実の上にのみなくて、感性的にとらえられる記念的表現がなくてはならないであろう。

記念的とは文字通り、後々の思い出に残し置くために永く伝えんとする意志の表現をいうのである。建築においては一時的なものでは記念建築にならないし、また一時的仮の感じでは鉄やコンクリートの耐久力のある建築でも、記念的ではないであろう。これは事実長く持続し、そしてなお永続の感情を与えるところに記念的な造形的表現は存しているであろう。物質的には事実固いとか重いとかいう材料そのものの、風化磨滅や人為の毀損、運搬を容易に受けないものが、知性によってまずとらえられ、やがて感性的に時間的永続を感ずるであろう。私等は石材に向かって一番にこの感を切実にする。同じ石でも質は緻密でそして角ばらない事である。鋭角な石材の角は鈍角なものに比して遥かに欠けやすいという性質は直観的に感ずる。この石の感じは、重い、固いというほかに動かない静かなという事である。また物の大きいとか広いとか、長いとかいう事も同じ理由で私等に何等かの記念性を感ぜしめる要素であろう。建築となっては、材料的にばかりでなくて、目的が整理され組み立てられた全体としての建築が、静かな動かない、大きい広い感情を起こさせるような姿でなくてはいけないであろう。この感じは博物館そのものの目的であるところの保存、陳列、観照、研究というような要求と少しも矛盾する感じでなくてよく調和する感じである。否むしろその目的自身の持つ性質である。

この事実は、その目的に完全に適応するという工学的結果が必然的にもたらすべき感じであるといっていい。

かく考えて来る時は、博物館は古美術品等の保存、陳列、その観照、研究という目的を遂ぐべき工学的指数を一つの組織体、建築にまで、合理主義的知性と感性とによって完成する事でなお記念的意味においても欠くる事ないといい得るであろう。

そしてこの記念建築という立場からいっても、現代の日本趣味建築と称する過去の記念的木造建築の再現や模造が唯一の道としている如きものは記念の時代性を考えない誤れるものであるといっていいであろう。

しかし記念的表現の中にはなお他の社会的意志表示が含まれている場合が数多い事

であろう。例えば左翼的なものとしては闘争的気魄の尖鋭な表現が建築自体の表現よりもなお一層求められるかも知れないし、また右翼的なものとしてはその反動として、ことさらに古風が、そのものの善悪を超えて要求されるかも知れない。それは建築にとっては商業上からその広告的価値のために奇怪なるものや、あるいは流行型が要求されると同じ関係である。これ等の要求は建築をその一方の利用価値に奉仕せしめる単純なる方便として見ているものであって、今考えている固有価値の問題とは異なる他の問題である。

それは建築の問題とはもはや離れた問題であってかかる問題はここでは触れない。

（完）

この文は昭和六年十月に書いたもので昭和七年一月の雑誌「思想」に掲載されたものに少しばかり書き足したものである。

『建築様式論叢』六文館、一九三二年六月号より

新時代建築の神話その他
（大島の工事を終わって）

新時代の黎明、今日をこう呼んでいいであろう。二年前の人が想像もしなかった事が十年前の人が聞いたら驚歎するだろう事が百年前の人々が聞いたら信ぜられないような事が、否現在の我々でさえもなお信ぜられないような驚くべき事が今東亜大陸の日章旗の下に興りつつある今日を新時代の黎明と呼ぶ事は全人が好むと好まざるとにかかわらず肯わざるを得ない事実であろう。この黎明期に生まれた我々建築家もまた新しい出発をしなければならないであろう。ここに新時代建築の神話が談られる事もまた自然であろう。神々の誕生と共に神話は歴史も哲学も文芸も科学もすべてをふくんで談り出だされたがそれらは年と共に成長して哲学は哲学となり科学は科学としてそれぞれ独立して行った。建築においてもこれは同じ事が行われたように思える。ギリシャの神々の殿堂はヘラスの丘に彫刻に飾られ色彩に彩られて打ちたてられた。だが年月は雨や風や戦争がバルバロスの貪慾がこの神殿から色彩を洗い落とし彫刻をはぎ取った。この廃墟に「アティネを見たものは不仕合せである」と結論をさせた多感な旅行者を超えて建築が、実に健全な古典建築が全裸になって表われているのである。

彫刻に飾られ絵画に彩られた建築が綜合芸術の立場で観照せられていた時代は神々の世の神話である。絵画が巣立ち彫刻が飛立った後の巣が家が建築自体なのである。遂に綜合芸術は綜合芸術であって建築芸術ではなかったのである。絵画や彫刻がそれぞれ独立して展覧会場に美術館にそのあるべき姿を純粋に主張した時に建築は建築自身にめざめて純粋に建築の言葉をもって建築自身を表わし得る技術を得た。建築の本然のすがたは絵画の美しさでもなければ彫刻の宜しさでもない全く類を異にした美しさと宜しさをもつ事であった。多くの芸術の愛好家や美術史家たちがいつまでも過去の神話時代の建築の美しさや宜しさにのみ魅せられて近代建築の建築自身の言葉で談る表現を理解する事が出来なかった。多くの建築の先達は先達で建築自体の性質の理解の浅さのために過去の衣裳（様式）にとらわれた。近代建築はこの建築性の無自覚と様式の枷の二重苦の中にあえいで成長して来た。近代建築の発生期にゼムペルのいった「建築はただ一人の主人を知るのみ。それは必要という」の如き言葉の中に建築性の自覚がありまたワグネルの「必要様式（Nutz stil）」の如き語の中に様式打破のあえぎを見とる事が出来る。

後になって自由様式（Free style）（アウト）、国際建築（Internationale Architektur）

（ヒルデブランド、及びグロピウス）ともなって新様式の樹立につとめたのである。また目的建築（Zweck Bau）（ベーネ）、生活建築（Living Architecture）（グロピウス）の語となって建築の本質の解明に力がそそがれたのである。また機能主義・合理主義等の名で建築の主張もなされた。しかし私はここ十年来、建築家は様式をすてるべき事を説いて来た。過去の様式は勿論であるが、自由様式も国際建築様式もその様式である限りすてるべきであると説いて来た。これを今再びかえりみて新しい出発点にしようと思うのである。

建築は事物的な要求があって工学技術が高められた感情の裏付けをもって解決し充たすところに生ずると思うのであるから、建築設計の前には様式はないのである。しかし建築の後にその形は何等かの様式をもつであろう。それゆえにそれは「様式なき様式」である。それを別ないい方で述べれば現代木造様式現代鉄筋コンクリート様式等々である。それは現代という時代とところと木材、鉄、コンクリート等々の材料の名が負う現代工学技術の全体が表わされているのである。技術は進んで止まない。それゆえに今日の現代鉄筋コンクリート様式は明日の鉄筋コンクリート様式ではないのである。ただ形に捉われた誤った建築理念の持主だけが昨日のその様式を今日使用しようとし、今日の様式を明日にまで持ち来たそうと徒にするに過ぎない。事物的な要求が充たされるところに建築の形が自然に生じて様式が生まれるのであって、様式が先にあって事物的要求がそれに押しこめられるのとは全く正反対なのである。最近グロピウスは米国で、機能主義者の機能を充たせば美が生ずるという主張について人間の顔を比喩に出して難じていた。「人の顔は目・鼻・口が機能を発揮していても常に美しいとは限らない」という意味の事をいっていた。私はそれにつづけて「機《ママ》能を発揮している目・鼻・口のあり方如何が美しいものになったり醜いものになったり、崇高なものに見えたり低級なものに見えたりするものである如く、建築も同じく事物的要求を工学的に充たす時の充たし方如何によって美醜、崇高、低劣の建築が生まれるのである。顔の健康美は土人の風俗のように顔に入墨をしたり鼻に環をはめたりする事でない如く、建築の美は装飾をほどこす事でもなければ材料のよいという事でもない。実にそれは事物的要求を建築的に充たす時に働く高められた感情の裏付けをもった工学技術によって一つの物にまとめ上げられるところに一にかかっているのである。ここに新時代黎明の建築的神話があるのである。美しい顔、醜い顔、強い顔、弱い顔等々を目と鼻と口とが作りだすのである如く美しい建築、記念的な建築、朗な建築、雄大な建築、その反対の建築、等々を柱と壁と窓と屋根とが作り出すのである。

大島測候所の塔

大島測候所の建築は神話の項で述べたような建築理念で設計をしたのである。今その塔について設計したものの心がまえをここで談りたい。まずこれ等の建築を伊豆の大島という一島嶼の建築とは考えてない。東京市の公園と東京府の公園とにはさまれた地にたつ首都東京の施設とも単に考えているのではない。設計者の心がまえはたとえ小建築ではあるが世界の建築文化に対する日本の建築としてはずかしからざる建築たらしめたいという事であった。これは測候所という使命のほかに地球物理学的な小科学博物館が付属しているという事で建築としては非常に特殊なものである事である。対世間的にはこの小博物館が大きな印象を与えるしまた世界的にもあまり類例のないものであるだけに、日本の文化宣伝という意味において世界的な意義をもつという事である。この意味でこの小建築は設計する者にとって大きな圧力を加えてせまって来るのである。それでまず私は実用的な目的建築ではあるが記念性を帯ばせたいと思った。そして観測塔は最も目につきやすい性格的な部分であるからこれを表現の中心とし重心としたいと思った。しかし今までの記念碑的な重さとか大きさとか固さというような性質で古い形式の記念性を表わす事は考えない。神話の項で述べたようにあくまでも事物的要求を充たす充たし方によってこの目的を達しようと努めたのである。

観測塔は風の測定のための諸機械が据えられ、風速計などは電気的に離れた事務室で自記するものもあるが、風信計や風圧計のように機械の垂直下に接続して記録される機械はそのために小機械室を必要とする。またこれらの諸機械を働かせ管理するために幾回も昇降しなければならない観測者の便のために相当昇りいい事も考えなければならないし、暴風の時にもその機械を働かすためには塔へ昇らなければならないので、階段は危険を出来るだけ少なくしなければならない。こうした条件が観測塔にはまず第一につけられる。それになお無線電信のアンテナ用の柱、振幅の大きい振子式の地震計、絶体に樹木や柱等の蔭のない位置を要する日照計台等の要求がこの観測塔と結び付けて設計者の頭の中に組み立てられる。それらの機能を十全に働かすための指数が設計者の頭の中の形を具体的にまとめしめ引きしめる。そうした組立ての中に形や色やそれらの比例感が美的構成をなすように心は緊張して、物の蔭の如くにあらゆるものにしみ通り裏づけし、作られた柱の壁の窓のその表面にまでぬれて出て来る。

この心の出てないところは死んだ面であり死んだ色であり、全体を一つのものとして生かさないものとなる。

観測塔がこうした形にまでまとめられるまでにはすでに数多くの観測塔の設計を経てやって来た。私も初めは在来の四角な平面の四角な塔を幾つも設計した。しかしそうした四角な在来の塔は風の蔭(ボルテックス)が出来て風力計などの位置によってかなりの差が生ずる事が数字的にも知る事が出来た。風の蔭をなくするには流線形となるべきである。しかし風の方向は飛行機や舟の如く一定していない。あらゆる方向からの流線形の要求は結局丸くなるよりほかない。あるいはまた鉄骨の細い柱組にしてこの風の蔭を少なくする事も可能ではあるが、暴風時にもこの機械を働かせ守るために昇降するには鉄の骨組塔は危険でもあるしまた直結する機械室の設備にも便利でない。こうした考えから円筒と立方体との構成が出来上がったのである。最初は飯塚測候所に円筒を小さくして外側に廻り階段をつけたがこれは経済的にそうしたのであった。海洋気象台では庁舎が三階建であるからその塔屋まで庁舎の主階段を使用し、それより円筒の途中に張り出した機械室に渡り、それより円筒内部の廻り階段で昇れるようにした。これによって風の蔭の影響がほとんどなくなった事がその後の観測の結果に出て来た事を知ってこの大島測候所にもこの形式を採用する事にした。これは三回目の試みであるから海洋気象台よりも円筒をやや太くしたりその他細かい箇所でも改めたところが多く、この形式の今日の結論の建築化である。これによってまた観測の結果が今に表われ設計の意図が達せられているか否かを知る事が出来る。また明日には明日の問題が新しく提出されてさらに新しい形式を生まなければならないであろう。

大島の砂と水

大島の測候所建築を鉄筋コンクリートに定めた時に最初に心に掛かったのは砂・砂利・水であった。海中の小さい島で砂や砂利を得るには、海岸より他にない場合であるから骨材に混ざる塩分が鉄筋を錆びさせ腐蝕させるであろう事である。塩分はどのコンクリートの書物にもコンクリートそのものには強度をますような作用さえあるので少しも害はないが、鉄筋には絶対にいけない事が書かれてある。その方面の研究家にも質問をしたが同じ返事であった。鉄筋コンクリートにはどの程度の塩分は許されるかを知りたい私には失望せざるを得ない返事である。東京市の雨滴の中にも塩分が含まれているのに塩分は絶体にいけないでは学者の机上の空論に過ぎない。そこで私は大島の今度使おうと思う砂、砂利と現在東京で塩分の問題などてんで問題にしてない実際使用している砂利、砂とを比較して、それをその程度にまで洗って使用しようと決心した。そして大島の砂利、砂と東京の市場にある玉川砂、玉川拝島の砂(第一生命に使用)それから砂利は玉川砂利(市場)、相模川厚木の砂利(第一生命に使用)とを気象台の化学分析室で分析してもらった。その結果は次表のようなものであるが全く意外な結果になった。それは大島の砂利、砂が拝島や厚木のものに比べて塩分がかえって少ないのである。塩分がないと考えて東京で工事に使用しているものが案外多量に塩分をふくんでいるのである。この表を得て私は大島においてもそのまま使用する事に決めたのである。水道や井戸水の得られない大島で砂利、砂を洗って使用するとなったら大変な困難な事であったのであるがそれは幸いであった。しかし私は市場骨材の塩分含有量くらいの研究が発表されてない我国の建築学界を淋しく思った。

大島の水の少ない事は旅行した人は誰でも知っている事であり、特に宿屋で牛乳の風呂へなど入った人は切に感じた事であろう。この測候所の建つ場所も一部谷川の形になっているところにのぞんでいるのであるが、井戸水はない場所である。谷も岩磐

コンクリート用骨材塩分分析表(中央気象台)

砂 100g ヲ 1ℓ ノ蒸溜水ト振盪シタル濾液中ニ含有スル塩素イオンノ量

砂 100g：大島 0.15mg/ℓ　玉川 0.1mg/ℓ　玉川拝島 0.25mg/ℓ

礫 1kg ヲ 1ℓ ノ蒸溜水ト 5 分間煮沸セル濾液中ニ含有スル塩素イオンノ量

礫 1kg ：大島 1.47mg/ℓ　玉川 1.3mg/ℓ　相模川厚木 1.5mg/ℓ

が所々表われていてその岩の上に雨水がたまっているところもあるが天気がつづけばなくなってしまう。そのために水はすべて天水によるより他ない。そのために建築の屋根は雨水採集の絶好の場所である。そのためにこの付属住宅は漏斗の形の屋根にして一点に雨水を集め地下にコンクリート造の槽を作って貯水した。雨水はすぐに腐りそうに思えるが地下に溜めた水は案外腐らないで井戸と同様な感じである。大島ではぼうふらがわいている水を平気で飲んでいるが井守の住む井戸水と同じように害にはならないらしい。むしろぼうふらは水の腐ってない証拠にもなるかも知れない。この付属住宅では松風濾過器をつけた。しかし工事用水には屋根が下小屋程度のものしか建ってない時であるから屋根の水にたよる事は出来ない。ことにコンクリート用の水というものは非常に多いからである。それでここでは斜面にとたん板を幾枚も敷いて雨水を集め、貯水槽は地面に穴を掘りそれにやはり「とたん板」をはんだ付けして周囲を包んだ。幸いにここの土は火山灰の相当にしまったものであったので垂直に二メートルくらいの高さに切りとる事が出来、水圧を全部その土にもたせる事が出来たために思ったより簡単に出来た。しかしこの工事中最も水の要るコンクリート打最中に日照りにあって三ヶ所四百石ばかりの貯水もなくなってしまい、水を岡田の方まで買いに行きトラックで運ぶような事にまでなった。雨は七月二十九日(昭和十二年)に降ったのみで次の雨が降ったのが九月九日で四十一日間の日照りであったため、終わりには島の飲料水にまで心配しなければならなくなり工事用の水などは到底考えてみる事も出来ないような状態になった。こんな夏期の日照りとそれに土が水をふくむ事少ない火山砂利や灰の土であるために、三原山の外輪山と火口丘との間の砂原などが何時までも草が生えずにいるのではないかとも思う。砂漠と人は呼んでいる(なるほど四周は海のためにとほうもない大きさの幻想をもたせるのである)。大島の貯蔵された雨水はお茶にした場合など相当やわらかく美味であるように思う。この経験からすると井戸の水の悪いところや非常に深い地方は天水を利用する事をもっと考えていいのではないかと思うようになった。

『国際建築』国際建築協会、一九三九年二月号より

利休と現代建築

三百五十年祭にあたって

千利休は今日においては単なる茶人ではない。彼は三百五十年前の文化人であり、創意に満ちた知識人であった。茶の湯という生活構成の芸術の中に独創的な工芸品や茶室や茶庭を残した工芸家でもあり建築家でもあった。利休の茶室は実際今日においては単に茶室だけのものではない。茶室以上の建築である。彼の茶室は建築そのものの本然の問題をはらみ、事物的《ザッハリッヒ》な要求を如何に建築的に解いたかを物語る教書であるように思う。そこに今日利休を探り、利休をとり上げる現代建築の立場があるのである。それは現代日本文化の務でもあるのである。今ここに現代建築の立場で利休の茶室をとり上げる。その事だけの中にもすでに一つの昂揚された精神を私は自分の中に発見するのである。すでにいい古され伝え古された利休が、実は古いものではなくて新しいからである。いい古され伝え古されたのは、茶人達のマンネリズムの中の利休だけである。利休はその伝記についても茶湯についても茶室についても、まだまだ充分に知られていない未知の人なのである。それらの史料はところどころに秘蔵されてはいるが一度も集められた事はないのである。利休研究は実に未踏の処女地なのである。彼の茶室に到っては今までに二、三の写真と俗伝が紹介されているのみで、厳密な意味ではまだ少しも研究されていないし紹介もされてないといっても過言ではないのである。そこに現代建築誌が彼の三百五十年祭という紀念すべき時に一冊を捧げて特輯する意義は充分に見出されるであろう。しかし今まで打ち捨てられていた利休の茶室について我々が何をいい得るか。この問いに対しては全く我ながら声なき次第である。それは利休伝記や茶会記の基礎的な史料の蒐集一つされていない今日には茶室の研究をするにもその方面の検討からしてかからなければならないのである。史料は秘蔵され古い伝統の中に化石して、見る機会がない今日、どうしてその事が満足すべき程度に達せられようか。しかし今日でも、軒傾いた古い彼の遺構の中に彼の意匠の生きた相《すがた》を求め、紙魚に委ねた古伝書の中に彼の創作意図の片鱗に接する時、我々の昂められた精神は我々の情感を内からゆすぶるのである。

彼の遺構妙喜庵は色褪せて朽ちかけてはいるが、なお古びもせずに輝いているその建築の宜しさと美しさは、見る者を直ちに把えずにはいない。その宜しさと美しさの中に我々が今模索している現代建築的表現の健かな姿を見出し、我々は全く驚くのである。こうした彼の作品をその史料が充分であるなしにかかわらず、この機会にとり上げて、出来るだけの史料で一応今日達し得られる範囲を極めることは意義のない事ではない。

以上を特輯発刊の辞として私は書いて、再び読み返してみて、あるいはいい過ぎでないかと秘かに省みた。そして私がこのたび妙喜庵へ写真を撮りに行って受けた感動が一ケ月余経った今日なお少しもさめていず、以上の如きいい表わし方でこの感動を人に伝える事が出来るかとなお危懼を抱くくらいである。売品の広告やためにする世辞のいい表わし方と混同されるような結果になりはしないかを懼れながら、なおも私の感動を充分に伝え足りない気持ちを抱くのである。妙喜庵の躙口から中へ入った時の感じをもっと卑近な表現をとるなら、脊すじの中へサット何ものかを受けた感じである。私はぞくぞくとして全く我を忘れた。魅せられるというのはこういう事であろう。こういう感じを受けるものは、そう多くあるものではない。茶室の中では織田有楽の如庵があり、それにつづいて小堀遠州の龍光院茶室があろうか。その他なお二、三ありそうに思われるがしかし大分へだたりがある。茶室ではないが桂離宮の御車寄などの前に立つ時や、三月堂を裏から奈良朝時代の部分だけを見上げた時などには同じ感激を覚えた記憶をもっている。利休の作品でも妙喜庵ほどの感じを与えるものは未だ他に接したことがない。言いかえれば、妙喜庵茶室あるがために利休のえらさを知るのである。そして今はすでに亡びた数々の彼の作品を古茶書にさぐり、この妙喜庵茶室を生むだけの充分な力を肯わざるを得ないものに私は出会ってますます意を強うして讃えたく思うのである。

利休の茶室として今日いい伝えられているものは疑わしいのもあるが、山崎妙喜庵の待庵、堺南宗寺の実相庵、京都大徳寺聚光院の閑隠席、高台寺の傘亭の四つである。しかし図面で残っているものはかなり多く、今手元にある茶書や絵図等から利休好みの名のつく平面図を拾ってみると四十五種を数える事が出来る。しかしその中には写しが度重なるごとに誤りが出来て知らず知らず一つのものが二種類にもまた三種類にもなったものがあるかも知れない。そこで、それ等は畳の数、床の間、炉、入口によって特徴を表わしているのであるから畳の敷方の違いや入口や床の間の位置が三尺以下のずれは同じものと考え、また土椽土庇のついたものとそれのないものも、他が似ていれば同一のものと見なして整理すると三十八種類を数える事が出来る。これは他の茶人の場合と比べてかなり多いようである。しかしこれらの茶室図の中利休時代に書かれた図でしかも原本であると考えられるものはただ一つ、山上宗二が天正十六年二月二十七日付けの巻物に書いた伝書に三畳大目の利休大坂の茶室を書き残しているものより他に私は知らない。この中には利休の京都の一畳半の茶室のことも書いているが平面図は出ていない。しかしなお利休の子少庵が書いたものを杉木普斎が写したというもののまた写しを私は見た事がある。これなども信ずべき史料として使えるものであるように思う。それには利休の四畳半と二畳の茶室が出ている。

このほかに利休時代の諸茶人の日記はその原本はほとんど知られないが、史料として充分に信ずるに足るものがあり、また江戸時代初めの茶書にも相当に注意すべきものがある。しかしそれらの中から取り出し得る利休の茶室はそう沢山あるわけではない。どうしても数の多い江戸中期以後の茶書の中に求むるより他に道がない。中期以後の茶書といっても、それは相当信ずべき桃山時代から江戸初期にかけての史料をそのまま伝えているものが決してないとはいえないのである。今集め得る利休の茶室も過半以上をこれら中期及びそれ以後の書写本に求め得たものである。その中には例えば東陽坊の茶室の如きは中期に近い茶書には利休好みとして伝えられているが、後期に小堀遠州の好みと伝えられ、明治以後に建仁寺に移されてからは東陽坊自身の好みといわれているのもある。その時代によって、古い茶室遺構が人気のある偶像化された茶人に付会される事実をこれによって見る事が出来るのである。またそれは安楽庵の竹林院の茶室の如く初め織部好みといわれ、後は遠州好みと伝えられるに到りまたさらに織部好みとなる如きものと同じ時代の表われである。こうした風に、今日利休の茶室として集めた平面図の中には他の人の好みが利休好みに転化したものが含まれている事であろう。しかし利休の長い茶湯生活の間に彼が直接間接に建築に関係した茶室は非常に多かったに相違ない。中にはちょっとした平面図を直すくらいの事からあるいは床の間廻りの木材を選ぶ程度の物、自ら縄張りにたずさわり、柱の墨を見るほどの監督をした茶室にいたるまで、秀吉の茶室や自分の茶室を初め諸大名や諸茶友のために彼の好みを何等かの形で表わしたものは恐らく数十以上であろう。今四十余の平面図を集め得たとしてもその数が多過ぎる事はないであろう。ただ載せている書写本の多くが少し降っているために他からの混入や書写の際の誤りが加わっている事に心を使って検べる必要があるのみである。

彼の建築に関係した文献は二、三に留まらないが、その一つの前田利家に宛てた手紙(遠藤義一氏蔵)に見るに「大佛御屋しき、なわうちわたり申候間、大かたの事、彈正殿へ、たい所、御馬屋うちと申ながら、かつてを御談合可申旨を入魂仕候、數寄屋の事は、我等才覺可申候」と書いている。数寄屋は勿論利休自身責任を負うて建築をしている事が明らかであるしまた屋敷全体の縄張から、台所、馬屋について大仏殿造営の奉行である弾正少弼浅野長吉(後に長政)に相談をしようとしているところを見ると、今の建築家の仕事を彼が引き受けてなしている事が想像出来る。この邸宅は天正十七年四月六日に前田利家が豊臣秀吉を招いた京都の彼の邸宅の建築の事であって、その建築は天寛日記及び三壺記によれば三年前から計画されたものであり、「千宗易に書院の指圖など相談せられた作事等夥敷勤めしが、日數漸々累り大形調ひしかば淺野彈正少弼を以、來卯月八日御成を申上度旨、天正十七年二月九日、被言上……」(天寛日記)と記しているものである。これによってこの利休の手紙は恐らく天正十四、五年の頃のものであることが推定出来るしまた実際に利休が建築に関係をしている消息をよくうかがう事が出来る。また松屋筆記などに見えている、床の間の天井を上げた話や、落懸《おとしがけ》を工夫した事や台目柱を初めて立てた話はこの前田邸建築の文献と相まって利休が建築に対して大いに勉めた事を明らかにする。そして彼が自分の住宅やあるいは秀吉に命ぜられて好んだ茶室などは、前田邸の建築と同じかそれ以上に縄張から仕上げまで工事にたずさわり、彼の好みを充分に出したものであったであろうと想像する事が出来る。今ここで彼の四十余の茶室全部にわたって記することは、紙数の許すところでないので、まず彼の遺構妙喜庵茶室と、彼の書院建築の代表として残月亭〔本書では未収録〕について、私は項を改めて述べよう。ただしお断りしておきたいのは、それは建築史的な研究であって、この雑誌の今までのものとは趣を異にするもののようである。それはしかし過去のものを見るためには、好むと好まざるとにかかわらず、歴史的な基礎の上に立たなければ意味をなさないと考えるからである。しかし歴史的な基礎に立つということは現代を離れるということではない事は無論である。また建築史的な研究といっても先にも述べたようにその結果はなお充分ではない。これは皆さんの御教示を仰いで少しでも進めたい希望で私は一杯である。

『現代建築』現代建築社、一九四〇年七月号(千利休特集号)より

妙喜庵の利休茶室待庵

一　妙喜庵とその茶会および利休との関係

山崎の妙喜庵は連歌で有名な宗鑑の隠棲地として伝え、天正十年の山崎合戦の時、豊臣秀吉が千利休に命じて茶室を作らせたのが今「待庵《たいあん》」として残っている国宝の茶室であると寺では伝えている。雍州府志や山城名勝志、都名所図会等江戸時代中期から後期に出た書がこれと略同じ伝えをしている。しかし享保八年の茶道望月集には秀吉が朝鮮征伐の帰りに名護屋より京都へ上る途中この山崎辺で茶がのみたくなり、利休の案内で妙喜庵へ入った。その時「古松にたよりて利休其時たづさへたる杖のさきにて此圍の地割指圖をして大工へ申付て」出来したと伝えている。いずれにしても利休時代を去ること遠い時代に書かれたものであるから、これ等は江戸時代に入っての言い伝え、または噂という程度の史料である。

「妙喜菴中憶《フ》二古禪《ヲ》一　茶窓《ノ》簷朽《チ》絶《ッ》二茶烟《ヲ》一……」などいう草廬の詩もあって江戸時代後期にはあまり茶の好きな僧も出なかったらしいが、秀吉や利休の時代の妙喜庵は功叔士紡の時代であって、茶が好きだったと見えその当時の茶会記に見えている。例えば天正八年十一月二十五日昼の津田宗及の茶会に妙喜庵と道叱が来ており、また同月の二十五日には宮内法印の不時の会に「妙喜庵・宗納・宗及」の三人が客となっている事が宗及日記に出ている。妙喜庵は山崎だけでなしに京都建仁寺内にもあるので疑いを持てば持てない事もないが、天正九年四月七日の「山崎妙喜庵にて會　道是及」（宗及日記）の会では全く明らかにこの妙喜庵において平野道是と津田宗及とをよんだ会である。同じ日記の中にただ妙喜庵と出ているのであるから前のも同じく山崎の妙喜庵功叔と考えてよいであろう。天正九年の妙喜庵のこの茶会にはしかし茶室の事は書いてない。「一　霰釜小板ニこふら茶碗　一　床ニ後ニ大壺まつぼ也。四斤斗入ル壺也」としている。これで床の間があった事と四斤も入る呂宋渡りと思える真壺をそれに飾った事だけはわかる。この時にすでに茶室待庵が出来ていたかどうか全く解からないが、伝えられる如く秀吉関係で出来たのならば当然まだなかったであろう。恐らくこれは宗鑑が住んだと称する対月庵の如き座敷であったかと思う。

次に今井宗久日記によると「天正十年十一月七日於山崎　羽柴筑州様御會」という茶会があり、宗及、宗易（利休）、宗久、宗二が出ている。この会も「利休居士豊臣家に於ける地位」(桑田忠親氏)や茶道全集利休篇はこの妙喜庵にての茶会としているが、しかしこの茶会は如何かと思う。これは恐らく秀吉(羽柴筑州)が宝積寺において行った会であろう。その理由は松田福一郎氏が紹介している宝積寺絵図(車の中誌)の表左側に「天正年中　秀吉公當山寶寺爲城廓、柴田修理亮　秀吉公和睦之時四使前田又左衛門尉(自性院東坊宿坊)　不破彦三(無量壽院極樂坊)　金森五郎八(多聞院圓隆坊)柴田伊賀守(大仙院仙涼坊)　右天正十年十一月一日より四日迄當山在宿　秀吉公本堂後の巌下に杉の庵をかまへ四日の朝數寄四使に手前にてお茶を給ふ其跡今にあり」とある。これによれば宝積寺本堂後に茶室を作って秀吉は柴田勝家との和睦の時の使い、前田利家以下四人に自らの手前でお茶を与えたというのである。宗久日記はこの茶会の三日後の茶会を伝えているのである。秀吉が山崎において茶の湯をするというのはすなわち秀吉の宿所であり城である宝積寺においてであるとすべきが自然である。またこれと同じ理由で天正十年十一月二十八日「夜放シ於山崎」(今井宗久日記)とした秀吉の茶会も宝積寺においてであっただろうと思う。またこれ等が妙喜庵においてであったなら、同日記に功叔の名が出ていてしかるべきと思うからである。この宝積寺の図というのは慶長十一年豊臣秀吉の十周年忌に片桐且元が豊臣秀頼の命を受けて宝積寺を改築した時に作った絵図と見られるもので右端に「山崎銭原寶寺　聖武皇帝勅願所　行基大菩薩開基打出小槌宮弁諸伽藍等如先規再興之書圖　慶長十一年丙午五月豊臣秀頼公御再興　奉行片桐市正且元」と大書し、またその裏面に小さく同筆で「慶長十一年再建　片市正奉」とあるもので、桃山時代の山崎を考えるに必要な信ずべき史料である。

妙喜庵の茶会は甚だ少ないながらもその当時の一流の茶人の記録に伝えられているもので、妙喜庵功叔の茶湯の世界におけるその当時の位置をうかがう事が出来る。しかし今問題にしている利休茶室待庵においてと思われる会は未だ見出し得ない。また利休との会も見出し得ないが、しかし功叔と利休との交渉のあった事は寛永年代に永井信濃守信斎の茶会（旁求茶会記）に「床に妙喜庵への利休文」と記しているのによって想像される。すなわち利休が功叔に宛てた手紙の掛物を掛けた茶会記録である。また前記宝積寺の図中に現在の宝積寺と妙喜庵との位置的関係が変わらずに両方が描かれている[1図]。そしてその妙喜庵の西方にあたって「宗鑑やしき」つづいて「利休」の屋敷が書き入れられている。図の出来た慶長十一年といえば利休没後十五年後、宗鑑に到っては死後七十八年も経た後の事であるからその時になお利休屋敷や宗鑑屋敷が住

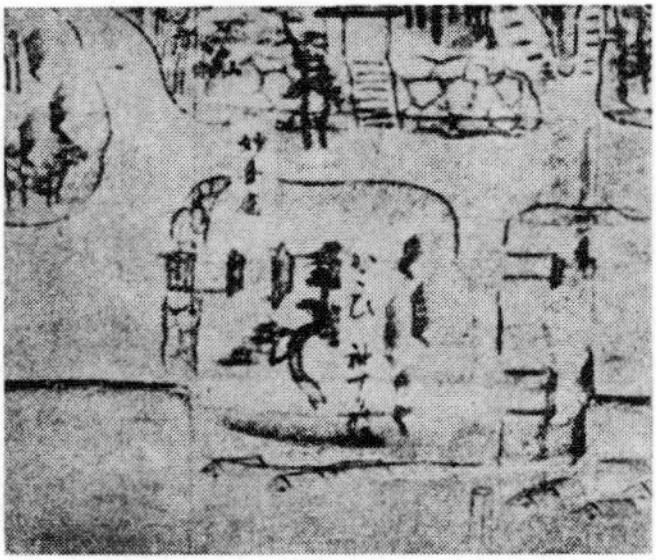

1図　慶長十一年の妙喜庵(山崎宝積寺図の一部)

宅として残っていたとは思われない。恐らく残っていても屋敷跡があったか、別の人の住まいになっていたであろうと思う。ここでは山崎の有名な所や人物の屋敷を宝積寺の図を飾るためにまた説明するために周囲に書き入れたものであると考えられる。これによれば、妙喜庵は宗鑑の隠栖の地ではないが、その伝えの出たのは恐らく隠栖地にあった建物を妙喜庵に移したためであろうと思う。そしてこの図で特に注意すべきは妙喜庵の近くに利休屋敷があったということである。これによっても妙喜庵と利休との交渉は相当深くなり得たと考えていい。功叔は利休没後三年、文禄三年まで生きていたのであるから待庵における茶湯の記もそのうちには見出される事を期して、今は妙喜庵に利休茶室の出来得る周囲の関係と情勢を見る事だけに止まろう。

二　妙喜庵茶室

前記した宝積寺の図の中に書きこまれた妙喜庵に門と一棟の建物と一本の松とを描いて、それに「かこひ　袖すり松」と書き入れをしている。図1 かこひ(囲)すなわち茶室は小さいためかそれらしいものは見えないが松だけ特に大きく描いている。これは秀吉十年忌に紀念的に描かれた図であるから秀吉の関係のある物を特に重要視して描いていると考えていいであろう。そのためとも見られることは秀吉が妙喜庵に来た時に秀吉の袖を摺ったと伝えられる松を特に目立って描いていることである。そして注目すべきはその松と共に茶室(かこひ)の書き入れがあることである。これによって桃山時代にすでに妙喜庵は松と茶室との関連において、秀吉と関係深いためか特に注目されていたことが明らかである。

前記天正十年十一月七日の秀吉の会に出た津田宗及や千利休と妙喜庵功叔との友好関係から考えても、その前後に宝積寺を城廓として滞在していた秀吉を近くに住んでいた妙喜庵功叔が機嫌奉伺する事もまた秀吉が徒然に茶の好きな功叔を訪れることも、ありそうな事である。また津田宗及の茶湯日記に書き留められるほどのその当時一流の茶湯をやる功叔のために、秀吉の関係があるなしにかかわらず近くに住まっていた利休が茶室を好む事もありそうな事である。また松田福一郎氏の如く待庵は近くの利休屋敷から移建したと想像されているが、これもあり得ない事ではなかろう。特に現在の待庵勝手口三重釣棚の辺の付鴨居が取り付く柱など角からみになって天井廻縁にまでも達していないところなどは、新しく設計された建物としては不自然で、移建したために起こった結果と見られないことはないと思う。この事について思い出されるのは江戸時代中期の茶書「茶学聞覚事写」(吉田常策書写、西堀一三氏蔵)中に「妙喜庵利休滅亡後スキヤくづしをく。立ル　又笠原宗吻立ル」と伝えている事である。笠原宗吻はあまり聞かない名であるが、佗助椿で有名な笠原宗全の関係の人かとも思う。秀吉に知遇を受けたと伝えられる妙喜庵功叔が利休自刃の後に利休と関係深い待庵を一時こわしておくくらいの遠慮はあるいはしたかも知れないが、それよりもっと自然なありそうな事は利休没後利休屋敷が破却されて、その茶室が妙喜庵に移し建てられたという事である。その移築につき骨折りをしたのが笠原宗吻であろうと思われるのである。それ等はいずれにしても妙喜庵において秀吉との関系において、茶室と袖摺松とが桃山時代から今日までいい伝えられ、また片桐且元の如き秀吉と深い関係の人により伝えられている事、これ等はこの妙喜庵茶室を利休好みの茶室として今とり上げようとする拠り所を与えるものである。江戸時代初期、恐らくこの片桐且元の図の出来た後二、三十年を経た後であろうか、寛永の頃永井信斎尚政は彼の邸に妙喜庵を模した茶室を作っている。それは恐らく山城淀城の邸と推定されるがその茶室においての茶会が伊丹屋宗不筆記に「正月廿五日朝　松平隼人　石河土佐　小濱民部　宗不」の四客として出ている[註一]。そして最後に「山崎の妙喜庵に有之利休のかこい、信齋老御うつし御立候ざしき也。二疊にて自在御つり、瓢箪釜いつも御掛候。反古張也。つぎ手までも山崎のに違なく候よし」と記している。これによって江戸時代初期には妙喜庵の利休の囲茶室は二畳敷であって、腰張または太鼓張障子に反古が張ってあった事を知る事が出来る。その反古張りも利休の好みと信ぜられていたと見えてその継手までもそれをそのまま模した事を伝えているのである。

江戸時代に妙喜亭茶室を写す事が流行したと見えて「千利休構㆓茶亭於斯庵㆒……必以㆓此茶亭㆒爲㆑本而　倣《ママ》之」(雍州府志)とか「山崎に妙喜庵とて禪室あるに利休作れる數奇屋有。其さまよのつねに異にして世にうつし作りて茶事をなす」(莵芸泥赴)とか伝えられている。近衛家凞の知遇をうけた中井定覚の京都の邸にも写しがあったらしく「柳馬場丸田町上ル富小路へぬけ有候よし前妙法院様御やしき也。後に中井住。此やしき二すき屋有。妙喜庵寫也」(茶学聞覚事写)と伝えている。

次に年代の明らかなものでは承応元年に前田利家の子利常が妙喜庵茶室を加賀の小松葭島に写し建てている。

今日は妙喜庵写しを見る事はないが、江戸時代から他の茶屋と異なっているものを特に写すという事は、これこそは利休の茶室であるという信用によってであったと思う。利休の茶室について「山崎妙喜庵茶亭今に一宇殘る。其外好む所の茶座敷殘らずといふ。天下に妙喜庵一宇のみ」(雪間草、木津氏蔵)という事が江戸時代中期には伝えられていた。利休の茶室は妙喜庵茶室より他にないという考えが、特種な茶室であってもこれを写させる動機であったろう。前田利常が葭島に写す場合は三壺記に「承應元年江戸より御歸國之節、御大工伊右衛門を山崎へ被遣。遠州の指圖之數寄屋を指圖被仰付。御大工八右衛門を南都へ被遣、利休指圖の數寄屋を寫させ、直に上方より小松へ歸着す。此二つの御數寄屋を、九里覺右衛門と山本清三郎に被仰付。其年秋中へ懸て爲作らる。御横目に篠原大學を被仰渡、作事毎日見廻り申さるゝ。利常公毎日御出被爲成。山崎松屋源三郎すきやを遠州座敷と申けり」（傍点引用者）と伝えているが、中に誤りがある。山崎の利休の茶室と、南都の松屋源三郎の（遠州好み）茶室を大工を遣して実測させたのである。これは松屋の方の記録を見れば明らかである。「松屋茶湯秘抄」に大黒亭という額のある松屋の茶室の図と妙喜庵茶室図とを書いてその説明に「加州肥前守様御座敷四疊半右勝手久好ノ御寫。山崎妙喜庵利休指圖シテ造給座敷御寫」としている。前田利常は前に筑前守であったが、寛永三年から肥前守を称しその子光高が筑前守となっている。この松屋の記録はそんな点も合っている。また前田家が山崎の妙喜庵を写した事は「正法山誌」（無著通忠編）にも出ているし、また「松梅語園」にも「山崎に傘能張利休弟子に而昔侘をいたしつる。此數寄屋今に有由御聞。御大工太郎右衛門被遣、樣子爲御見、葭島に御造作被仰山崎之御數寄やといふ」（傍点引用者）と伝えている。大工の名も三壺記とは合わないが利休関係の山崎の数寄屋であった事だけは明らかである。これ等の事は「越登賀三州志鞬櫜余考」にも出ている。

　この事を伝えている松屋の記録について見るに、これは松屋久重のかいたものと考えられ、久重は利休と交際をした久好の子であり、利休死後十二年後の慶長九年から自らの茶会記を残し、利休の子少庵や孫の宗旦の茶会にも出ている人物であるから、利休の茶室についての伝えも正しい聞き伝えをもっていたに相違ない。前田利常が写した承応元年は利休没後六十年も経てはいるが、彼は利休については少庵や宗旦の話を記録しているくらいであるから父以来聞かされていたであろう利休に関する有名なことは彼の趣味の上からも忘れていなかったであろう。それゆえに慶長にすでに図に残されるほどの利休の妙喜庵茶室についても相応な記憶があったであろう。利常が彼の父久好の茶室と共に妙喜庵茶室を写すについても恐らく相談にも乗っていたであろうし、あるいは大工と共に山崎まで出かけて行っているのかも知れない。何となれば前田利常が写した事の書込みと共に妙喜庵の図面と寸法とを詳しく書き伝えているからである。図2 前田家と松屋との関係は前はどうであったか知らないが、この利常と久重との関係は「三種茶器伝来記」(正木直彦氏蔵)中に「加賀宰相殿より御所望ニより私先祖久重加州へ罷下り懸御目並に眞之臺子茶湯御相傳申候」(傍点引用者)ということから推して特別な関係があった。すなわち真之台子の茶を伝え、また利休以来茶湯の偶像的な家宝を金沢まで持って行って見せているのであるから松屋にとっては未だかつてない事で、その後は藤堂家やその他へ持って行って見せているようであるが、その以前には例のないことであろう。こういう関係の久重であるから利常が彼の父の茶室を写し利休の妙喜庵茶室を写す時に相談にあずかっていない事はないと思うのである。そして彼が相談にあずかっているという点に妙喜庵茶室の伝来の正しさの根拠を私は見出そうとするのである。

久重の伝える妙喜庵茶室は平面の上2図では現存のと変わりはない。すなわち床の間付二畳角炉で板畳入りの一畳が次の間となり、その境には二枚の引違い障子が立っている。にじり口は他よりも特別に大きい事も同じく「常ノク、リヨリ二寸五分高シ」としている。床の間も室床（むろどこ）であることに変わりはなく「四尺ムロ天井ヨリヌリマワシ」としている。また棚も次の間一畳の隅に釣られ、また勝手一畳間にも棚がある。また床脇の窓も同じである。「妙喜庵床脇ノ窓竹骨障子、下は敷居上ハカケハッシ折釘、竹フチ」としている。ただここで異なるのはこの

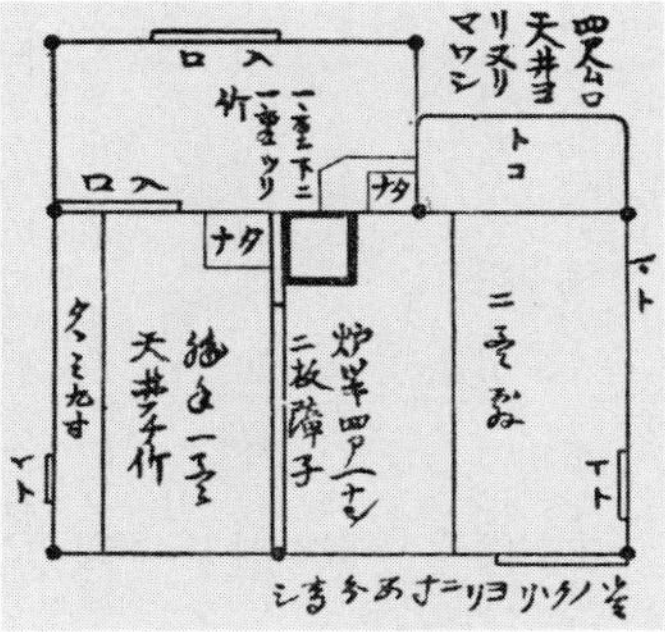

2図　承応元年の妙喜庵（松屋茶湯秘抄による）

懸障子が今のは竹骨木の框であるのがこれで見ると竹フチとあるから竹の框であったとも見られる。また「脇ノ窓壁下地ノ竹ヲ其儘置て葭二本ヨリ多ハナシ、ヨシノ間ロクニハナシ、ヒロセハアリ」この下地窓は現在は全部取り替わっている如くであるがこの時代の記録の如く今も割竹の木舞竹がそのまま残っていてそれに葭がそえられている。これは他に例のない最も興味のある事である。下地窓は利休が農家の窓を見て模して作ったと伝えられている如くに古い原形を残していると思われる。また床柱は現在杉丸太であるがこの時代は「床柱ハ桐ノ太キ木、丸味アリ」としている。桐の床柱もちょっと例のない事である。床框は「床フチ常ノ雑木ツラ付ル」と記している。これは現在のものも昔からのものと考えられる古さを持っている。木地の処を見ると桜か胡桃材の如くであるが、江戸時代中期の起絵図《おこしえず》では「床ふち柿」としている。この床框は節ある丸太の一部にツラを付けたもので上端は左三分の一ほど、刀端になっているのも大胆なやり方である。また「杉ノ二枚障子ノハウタテ釘打アリ」と書いている。これは次の間境の二枚太鼓張障子の方立《ほうだて》の事らしい。今釘は見えないが江戸時代中期の起絵図には「杉ノわり木柱」と伝えたのもまた「方立釿目七ケ所」と記したのもある。割木ではないが、割ったと思われるほどの力強い鋭い釿目《ちょうなめ》がよく削られた面に七ケ所入れてあるのが現在も見られる。[写真1]「天井折マワシ、ヲトシカケ有。小カベ角アリテヌリマワシ。額ニ疊ノ小壁ノ上ニ有。天井ノ板ハワリ板也。天井フチノ竹折廻ナカラ二本ツツ天井ナケシ三方竹一方杉丸太カイツルノ竹横タテ共ニカラ竹」。この天井も現存のものと差はないようである。[写真2] また「爐フチ眞也。ヒロサ九分メン二分壹分ト也。フチノ上下二寸ツヨシ。爐前チイサク見エル。土タン壹寸ツツスミ丸シ」

なお次の間境の二枚太鼓張障子の方立に接した東北隅に釣棚がある。現在桐板の釣棚で竹で釣られているものが板は利休時代からのものであろう、はしばみは角を留にしないで小口を見せている。この次間には西側壁寄りに「タ、ミ九寸」としている。これは板畳の意味で地板であろう。現在八寸余のものであるが九寸としたのは畳寄を入れての寸法らしい。次の間に隣って一畳の勝手がある。次間境には現在白の太鼓張障子一本引である。これは承応の図では明らかでないが「山崎妙喜昔ノ図」[5図]に「反古張リセヤウシ」と書き入れている。永井信斎が継手までそのままに模したというのは腰張でなしにこの太鼓張引障子を指すのかも知れない。

次にこの勝手一畳の東南隅に釣棚があるが「一重、下ニ一重ツリ竹」と図に書き入れて大小の棚を記している。現在三重棚になっているところであるが、これでは二重

写真1　次の間一畳の隅に釣られた棚．棚板は桐，壁の右に二枚太鼓張障子の方立が見えている．方立には釿目(ちょうなめ)が七つのうち五つ見えている．その釿目の大きく力強い事はこれも他に例がない．こういう入れ方をなし得たものは恐らく利休好みのほかにはないであろう．

写真2　待庵の二畳の天井．床前と道具畳上のみ棹縁天井となり，他は化粧屋根裏となっている．小壁に待庵の額かかる．

棚らしくもとれる。元禄十年刊の茶湯評林の妙喜庵図に「又次の間貳重棚をつる。高くつる也。大なる棚ハ角を丸くしたる物也」としていてこれにも二重の如くであるが、これより前貞享二年刊の工法集中の「利休圍之事」としたものは平面は妙喜庵であるが、それの中のこの棚寸法には「棚下のは、六寸長サ八寸厚四分半但中のたな板下と同斷、一上の棚そきのあひだ九寸先にて一尺五寸七分はゞ六寸厚四分半」と伝えて明らかに三重棚である。また江戸時代中期の起絵図にも三重棚であるから、恐らく利休時代から三重棚であったであろうと思う。しかし貞享の寸法書は現在のより総てがやや小さく、また今のこの棚は杉板であって、その上の付鴨居や付柱の杉材及び次の間の桐棚よりやや新しいように思われ中期以后に変わったのでないかと思う。江戸時代の起絵図には「寸地《すじ》かい棚一重」とし下の二重棚を「枡かたノ棚」と呼んでいる。この枡かた棚のところだけを二重と承応時代には記しているのであろう。

次にこの一畳の入口は松屋の図では入口があるというだけで戸は明らかでないが、今日は書院西の畳廊下から一本引の白い太鼓張の襖となっている。ここは江戸時代中期の起絵図(筆者蔵)によれば「數寄屋入口　古法眼筆」としているし、また同後期の「茶道寸法書」(筆者蔵)中の妙喜庵平面図にはこの勝手入口襖に「古法眼ノ筆ニテ鶴ノ繪有」としている。この絵は恐らく利休時代からのもので松屋の記録時代にもあったことだろうと思う。

以上が利休の没後六十年を経た後の妙喜庵であった。大体利休時代と大きい相異はないのではないかと思う。次に松屋久重の図に見えないところを、それより時代はや降る史料であるが江戸時代中期及びそれ以後の起絵図によって考察してみよう。先に入口襖の事で引いた江戸時代中期の起絵図中でなお注意すべき事は次の間の南下地窓のところが「皆寒竹」と書入れがある事である。今は葭になっているが、昔は全部寒竹で下地窓の小舞をかいたかも知れない。これは例が少ないが、大阪一心寺の八窓の茶室の窓が寒竹ではないが全部丸い細竹であって、これとやや似ているように思う。しかし二畳の方の下地まどが割竹に葭であるから、この窓だけ寒竹というのは変化がありすぎるので中期の変更かも知れない。また右の起絵図でなお注意すべきは次の間板畳脇の壁がある。今日この壁には内外とも柱がないが、江戸時代中期以後の起絵図数種のものに一致して内部のみ片蓋柱《かたふたはしら》がある。3図・4図 また窓の位置も異なっていて、現存の茶室の最も変更を受けた個所であるから少し細かく記述してみよう。記述中に(中期)としたのは上記古法眼の絵のある事を伝えている図。(中田)としたのは「此本紙大山崎祠宮中田氏伊織殿家藏之所、予依令懇望、許模寫給者也、安永三午年季春望、安田新教家寶」としたもので、あるいはこの原図は中期としたものより古いかも知れない。(工法)としたのは貞享二年九月の序のある伊藤景治の刊本、伊藤景治は城州山崎住としているから妙喜庵については当時の正しい寸法を伝えているように思う。(享保)としたものは享保十八年巳九月とした起絵図で、これは最も流布した図であってその種の筆者蔵の一番年代の古いもの、(覃斎)としたものは文政七年に出来たもので上記の

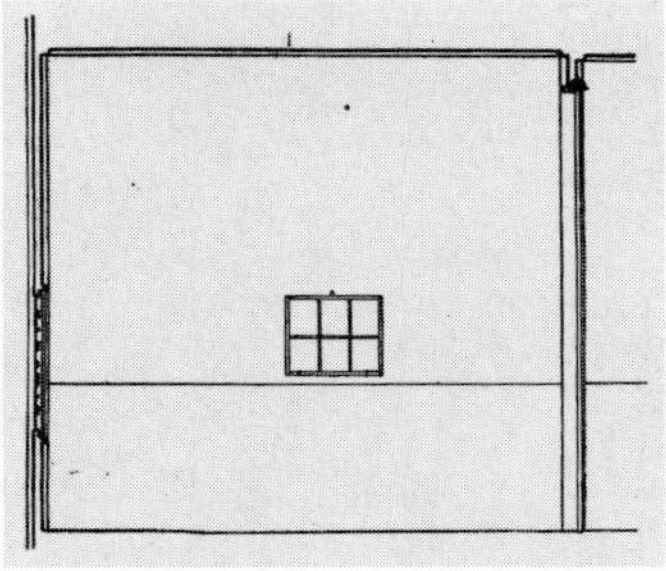

3図　妙喜庵待庵次の間一畳西壁(今日の状態)

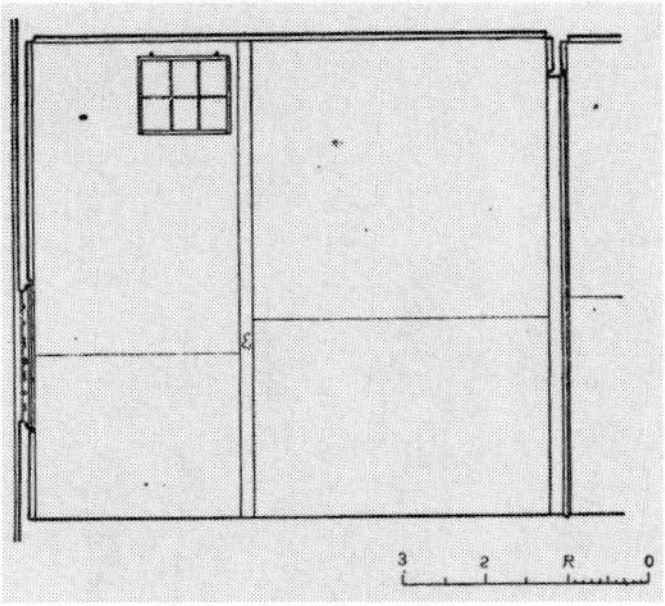

4図　妙喜庵待庵次の間一畳西壁(昔の図)

図の後写の一つであるが、いくらか上図に抜けた部分が補えるのでここに使う。(清水)としたのは清水清兵衛とした江戸時代末の図。(文久)としたのは文久二年の序のある阿都芽久佐の図。この間柱は西側の壁に南の角から二尺五寸五分(中期)、二尺五寸(中田)、二尺五寸一分(覃斎)のところに立っていて、「杉角柱幅一寸八分」(中田)、「間柱板一寸七分」(享保)と記され、又此柱に釿目《ちょうなめ》が入れてあった。「此なくり疊上端より二尺三寸上」(中田)、「間柱杉丸太ナクリ三所アリ」(覃斎)と書かれ中田伊織図にはその釿目の形が書き入れてある。

この柱を振り分けに南北の腰張が異なっている。南の方は高さ二尺五分、北の方は二尺四寸八分の「白張コシハリ」(享保、覃斎)であった。今は一尺八寸余の高さで黒の湊紙が一様に張ってある。

この柱は江戸末期にはなくなったらしく(文久)図には柱がなくなっている。これはその頃実測した如く書いているのでその頃の状態と見てよいであろう。またこれと同じ頃と思われる清水清兵衛の起絵図にも柱がない。

次にこの柱に接し開いている窓であるが、この窓は南側の天井近くに開けられた下地窓である。大きさ「一尺一寸四分、横九寸八分下地窓内掛障子」(中期)、縦と横

「七寸、九寸二分」(中田)、これは下地窓の大きさらしい。貞享の工法集も文政の覃斎のものも中期の図と等しいが、ただし縦と横とが逆になっている。これは中期のものが書き誤りであろう。この窓は掛障子下端と畳上端まで四尺八寸四分(覃斎)、天井廻り縁の下端より三寸四分下ル(工法)、これは他の図には書入れがないが、大体そのくらいの高さになっている。現在では掛障子の下端から畳上端まで一尺九寸二分で前の高さの半分より下である。大きさは大体あっている。文久時代は二尺一寸で今よりやや上であった。そして引障子になっている。(清水)の図には天井より四寸下で勝手口の柱面から尺四寸の掛障子下地窓としている。これは柱がなくなってはいるが文久時代より前の状態と考えられ、文政頃まであった片蓋柱がなくなっても窓の大きさ及び高さだけは古い時代の様子を残しているものの如くである。

この窓は現在の位置も見た目にはいいがしかし全体の比例的感じからはこの壁面のみが離れて違ったものになり、他の部分と調和しないので恐らく中期からの図が伝えている如く片蓋柱が立ち、高く小窓が切られた方が利休時代の形であったろうと思う。これは明治時代始めには藁小屋になっていたと伝えられるほど打ち捨てられていたのでこの壁は恐らく非常にいたんでいたであろう。

額は承応年代から天井の高低の差のある小壁に今の位置と同じくかかっていた。それは木額で「待庵　前光通芳叔叟書之」とある。額の筆者芳叔は功叔のことであろうか。松山吟松庵氏の説に同氏蔵木屋了我の苦心録という手録に妙喜庵の所在を記し「利休時代の住僧は芳叔といふ」とあるそうである。功叔が芳叔と号した事があったかどうか知らないが妙喜庵の先住は功叔の筆であるといっていた。後考を要する。

三　待庵の茶室的特徴

待庵の茶室的特徴は幾つもあるが、その一つにまず天井がある。二畳敷の天井を化粧屋根裏と棹縁天井とに分けているが、棹縁天井の部分は床前と道具畳の上にかね折りに継けて二つの面に仕切って仕上げている。斜の面とこの二つの面が非称相に組み立てられている一坪ばかりの天井は、この小室に立体的な彫塑的性格を与えて今までの建築に見られなかった室空間を構成している。これと同じ意味で注意されるものに床脇からつづく東壁の窓がある（写真3）。これは二つの下地窓に一つは掛障子一つは片引障子を立てて組み合わせ東壁面全体のまとまりを作っている。茶室の窓は多く一つの型を

写真３　待庵東側壁．二つの下地窓は，一つは掛障子，一つは一本引障子．二つとも竹骨である．かくの如き窓の組合わせは例のないもので，茶室如庵の有楽窓にならって利休窓とでも呼ぶべき特殊な窓である．後に色紙窓に発達する前の形ではないかと思われる．

作って後には踏襲されるのであるが、かくの如き形のものは他に例がない。恐らくこれは窓と窓との大きさと位置的関係で一つの纏りを作り上げるというような意匠的思想の表われの最古のものであろう。これはまさに過去の工匠的な手法から出て、新しく非相称な形で構成を作ろうとする茶室意匠の出発の最初の完成を示しているといえるであろう。後にはこれは下地窓や連子窓が集まって来て色紙《しきし》窓《まど》と呼ばれる組合わせになるものの前のものである。

次に床の間も特徴のあるものである。これは室床(むろどこ)と呼んでいるもので、壁の入隅に木材を見せず全部を大きな丸みをもって塗り廻しにしたもので、天井も一続きの土天井になっている。写真4 これは比較的狭い床の間(約三尺八寸余に二尺三寸余)を広く見せる手法である。これは新劇の舞台装置に使用するクッペルホリゾントと同じ効果をもち形も似ているもので、これこそ利休の独創的な工夫の一つであろう。註二 他の茶人にも後には例えば細川三斎や片桐石州の茶室に模倣されて表われるがこの時代には全く例のないものであったであろう。利休は堺の彼の四畳半茶室と考えられる茶室にも室床を作っていた。これは様式的に見て妙喜庵より前に出来たと思われるものであるが、記録としては天正十一年正月に荒木道薫の茶会記がある。また利休は大徳寺前の屋敷と考えられる邸宅の二畳茶室にも室床を作っていた。この妙喜庵の床の間について、なお注意すべきはその壁の質である。これは一寸余の藁苆を入れた農家に見る荒壁仕上げである。茶室は客用の座敷として使われ、紙張付けの壁仕上げを一般のしきたりとされていた伝統に対して、これは全く大きな変更である。特に秀吉と関連して作られたと伝えるこの茶室においてかくの如き試みがされていることは利休の茶の思想である「わび茶」の表現として注意されるべきものである。しかし古い壁と見られるところは床の間廻りのみで他の所は中期に塗り変わっているらしい。この床の間入隅の下方に土色の異なった部分が二重に出来ていて、[写真5]承応時代には低い方の山形の塗継があった事が松屋久重の素描に見られその書入れ寸法も大体合っている。[註三]元禄中頃には「地敷居の上四五寸ほど後に上ぬりを仕つきたる物也。角のきハにてハ少山形のごとくぬり上かべの色かハる。惣してのかべハさひたる也。ぬり次ハ新敷見ゆるなり。上下のかべ共に利休の時のかべなり」(茶湯評林)と記している。今日ではこの時代よりもなお損じて山形が東北隅には二重に表われている。これは高い方は明治の修理の時に出来たものであろう。これは恐らく角柱が塗こめられているため腐朽して来て土壁が損ずるのではないかと考えられる。

写真４　待庵室床(むろどこ)の天井．少し暗いが室床の天井が丸く塗廻しになっているところを撮ったもの．

写真５　待庵室床と角炉．室床というのは床の間内部の柱を壁で塗り廻したもので，天井も丸く塗り廻してある．角炉の隅も塗廻しになっていて，狭いところに広いのびのびした感じを出している．床の間内部の壁は最も古く，恐らく利休時代からのものであろう．炉の廻りやその他の壁は江戸時代中期頃の補修のようである．

前に引いた「茶学聞覚事写」に妙喜庵の床の間の変更の事が出ている。「之床に付てもかわる圖三通有。山崎社家ニ。河原崎玄番。妙喜庵大旦那。此家ニくはしき事有」としている。意味が充分わからないが江戸中期にすでに床の変更の図があったらしい。松屋久重が記する桐の床柱の変更もその一つであったであろう。また江戸時代後期の数寄屋図に「山崎妙喜昔ノ図」[5図]に「床縁桐」と書き入れしているが、これは松屋久重の書く床柱桐とするのと同事実を誤って伝えているのであろう。床柱が桐であったことは他にも如心斎口授茶道聞書集に[註四]「室床山崎妙喜庵の床是也。柱は桐の皮付也」としている事から考えても間違っていない。また現状を見るにこの床柱は杉磨丸太になっているが古い壁の残っている「床の間」の側は六七分上から下まで壁が切りとられ壁土が補って、色変わりがしているのが見られる。恐らく江戸時代中期頃に変更されたと考えられるものである。「妙喜昔の図」には床柱のこと

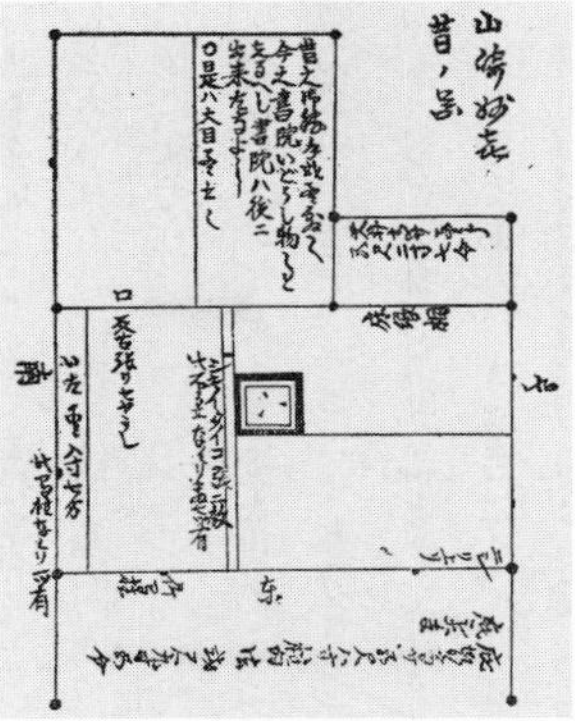

5図　山崎妙喜昔の図
（筆者蔵の古図による）

は何も書いてないところを見ると、「桐」である事のために書きつけたので、後に写し伝えられる時に柱と框とが間違って来たのではなかろうかと思う。この図についてはは後に記そう。

茶室において最も重要な炉のことについてであるが、これは松屋が記するように黒塗(真)の炉縁で、「ヒロサ九分メン二分一分ト也。フチノ上下二寸ツヨシ」としている。一般に利休好み炉縁として伝える高二寸二分は合っているが、巾一寸二分がこれでは九分である。大きさは一尺四寸が定であるが、松屋は記してないけれどもその時も中期の図や今の炉の如く一尺三寸四分余四方のものであったであろう。大きさも厚さも後の利休好み型とは少しずつ小さい。また炉の土壇の処が「スミスミ丸シ」としていることも例のないやり方である。この丸みは炉に接した壁の入隅が柱を見せず丸く塗り廻しになっているが、それに相応したものであろう。利休は床の間以外に勝手三重釣棚のところもまた天井の入隅にもこの塗廻しを行っている。この所々の入隅塗廻しは妙喜庵の空間構成に特殊な性格を与えている。炉について最も重要なことであり、また茶室の根本を定めるのはその切方位置である。それがまた茶の点て方作法を規定する。この待庵は茶室の隅に切られているために角炉(すみろ)という。また釣棚がある次の間は二枚の太鼓張障子で仕切られている。この茶屋の点前を妙喜庵点前と伝えている。しかしこの炉の形式は後に変更されたものと伝える図面が残っているし、種々な記録もある。承応元年に松屋久重が書いている前に、そんな変更が行われているならば、久重はそれについて茶書に何も書かないことはないであろうし、また前田利常が模写するのをだまっている事はなさそうに思える。松屋の図に現在の如く角炉になっている事は利休時代そのままであると見たから写しているに相違ない。もし炉が変更されたならば、それは極めて前で例えば利休屋敷にあった時代にか、功叔が利休自刃後一時くずしたたんだ前とかいう時代で松屋久重の知らなかった時代であったろうと思う。

炉の変更説の最も早いものは、前にも記した吉田常策の「茶学聞覚事写」であろう。それには「山崎妙喜庵ニ而利休右勝手立テ納候。今左爐になをし切有候。大阪御城山里丸ニ右に勝手御スキヤ有候」としている。この文の右勝手及び左炉はどういうものであるか、一般のいい方と異なるようでわからないが[註五]、炉を切り直した事だけは明らかであろう。これと同じ事を記しているであろうと思われるものに貞置流の「茶湯著聞集」及び「懐蔵集」がある。著聞集は妙喜庵の伝えも違っているし、また図も誤っているところがありどの程度に信用がおけるか疑問であるが、それに「妙喜庵圍の儀は今以京都八幡山の邊山崎と云所に有之候へとも、近來角々齋宗佐此住居を立□り手前と云事を不知して不案内に付疊を敷直し、常の通に爐を入候は利休が時の住居とは替り道具疊も今は勝手の疊になり候而昔の住居に而無之候。爲レ後ニ記しとむるもの也」としている。そして台目切の如くに炉を切った図をかき次に近来宗佐住居直之図として角炉をかいている。この図には三畳と一畳半が中仕切で分かれているが、恐らく二畳と一畳との誤りであろう。懐蔵集には「山崎妙喜庵宗易好ミの仕方異風也。勝手のふすまの敷居をへたて客疊の方敷居に附て爐を切、敷居を隔て勝手より茶を立る也。然に近年如何致候哉今乃妙喜庵の切様相替り候。常の通り引詰切に致し、よせ敷居へ爐を附て切り候よし也。但小板不入事……」とある。これも中仕切を開けて台目切の如く炉を使うのを角切りに切り直したといっているのである。また宗偏流の不蔵庵竜渓の茶書に以上の書の如く二種の図をかき、その一つの炉を台目切りにしたるを宗易妙喜庵の図とし、また角炉の二畳敷を出して「當世京之妙喜庵タテト云。誤。關白秀吉公座敷之圖ナリ」としている。これは山上宗二の茶書にも「二疊敷ノ座敷　關白様ニ有」としている図と同じ茶室である。

また前にも引用した「数寄屋図面」にも以上のものとよく一致しなおそれより詳しい図が出ている[5図]。これには「山崎妙喜今ノ図」として、現在に見る角炉を書き、それにつづいて「山崎妙喜昔ノ図」を出している。これは前記竜渓茶書よりも詳しいが、出たもとは同じであるらしく思われる。その図は前書の記載と同じく二畳敷と次の一畳との境障子の方立が中柱の如くなり炉が大目切出炉の如くになったものである。この二枚障子を取り払い、次の一畳を大目に縮めれば不審庵と同じ構造をなすものであり、また方立の壁を抜けば道安囲と同じ構造になるものである。炉が今の如き角炉でなく、伝えられる如く台目切りに近い形であったらば、それは茶室の平面的発展の基礎をなすものとして興味のあるものである。

しかしこの台目切の如くになっていた炉を覚々斎が角炉に切り直したとか、近年改めたとかする著聞集や懐蔵集の伝えは疑問のあるものである。著聞集にいう角々斎宗佐とは覚々斎宗左の事であるから、松屋久重が妙喜庵を写した承応元年四月は、覚々斎宗左の生まれる二十年以上前で、しかもそれはすでに角炉になって表わされているからである。また前田利常がその時模した茶室は「金沢方々囲図」(前田侯爵家蔵)中にある妙喜庵と同じ茶室図が、その時の実測図か、模した茶室の図と考えられるが、これも角炉になっている。それでもし覚々斎が妙喜庵を変えたことがあるならば、それは桐の床柱を現在の杉にしたり、西側の壁の間柱をとったりしたことであろう。恐らくその時は修繕の必要にせまっていた時であったろう。

噂は何もないのに出る事はなかったであろう。それでもし変更されたとしたら、前にも述べた如く、利休が自刃の後取りこわし笠原宗吻によって再興された時であったかも知れない。もしあったとしたら恐らくそれは秀吉時代であろうと思う。利休の関係のために秀吉へ遠慮して一時こわしたたむ事が伝えられているからその再興の時に、秀吉の大坂城内の茶室と同じ形の角炉に切り直して復興することはあり得るかも知れない。著聞集はこの事を聞き誤って記しているのかも知れない。

次になお炉に対して異説がある。これは「右如心斎自書寫、不羨齋宗雪所持」とした利休流普請書数寄屋図鑑中の妙喜庵の図中に次の間一畳の太鼓張障子境に接して東南隅に「此處ニ爐ノアトアリ」としている。次の間南側下地窓はその炉については風呂先窓となる位置である。前に引用した阿都芽久佐の妙喜庵図にも、これと同じところに「元ハ此所ニ爐」として炉形を書いている。如心斎の生きた江戸時代後期初めにはあるいは畳下に炉の跡でもあったのであろう。この炉の変更のことを考えるにあるいは覚々斎宗左がここへ切り直したような事を著聞集などで誤り伝えているのではなかろうかと思う。著聞集はなお妙喜庵については「利休大坂ニテ太閤の御前向、不首尾ニ成候ニ付京都へ立退、大徳寺の南坊ニ引込居候處、猶又様子不宜候付京都の中八幡山の方へまいり古き材木を集め草庵を被立、妙喜庵と名付候て住居し事也」(著聞集)として、他の書にない事を伝えている。誤りもあると思うが、中に大徳寺南坊に引き込むとあるのは、大徳寺門前の不審庵のあった利休屋敷のことでないかと思われるし、八幡山近くすなわち山崎に立ち退く事も、片桐且元の図にある如く利休屋敷が山崎にあったのであるからありそうな事である。細川三斎や古田織部が最後に堺へ下る利休を淀まで送ったことも、利休がこの山崎から淀へ出たとしても不自然はなさそうである。しかし著聞集がいうようにその時に茶室を作ったとは考えられない。恐らく山崎の利休屋敷にすでにあった茶室を利休が自刃した後、妙喜庵に移し建てる事は、功叔と秀吉の関係からあり得ない事ではないからその時の事を誤って書いているのかも知れない。そしてその時に炉が変更される事もまたあり得ることであろう。この変更前の古い時代の図があるいは「山崎妙喜昔の図」を生むもとであったかも知れない。これはなお後考を待たねばならない。山崎妙喜昔の図で注意すべき事は、なお書院取付きの一畳が二畳になっていた事である。「昔の御勝手二疊敷也。今之書院いどう《移動》候物也」〔傍字引用者〕などと書き入れをしている。

妙喜庵茶室でなお注意すべき事は次の間一畳の西脇壁寄りに八寸余の板畳が入れられている事である。これは表千家の不審庵にも表われているものであるが、これの最も古い形は武野紹鷗の山里の茶室であろう。それには五寸板が入っていた(茶伝集)。また少庵が利休の茶室を写し建てたという京都の三畳大目にもかくの如き板畳があった(松屋会記)。この少庵三畳大目は後の不審庵になるのであるが、利休の大坂の三畳大目茶室と同じ形である。恐らく利休の大坂茶屋にも板畳があったであろう。この形が後になって今の不審庵の形にまとめ上げられるのであろうと思う。この板畳は利休としてはこの妙喜庵茶室が最も早いものではなかったかと思う。しかしこの板畳は単に見た目の面白さという事だけから出発して作られているのでなくて、かくの如き平面、すなわち道具畳一畳の狭い方に勝手口を切る時もし、一方に釣棚があれば、どうしても五寸余を拡げなければ巾約二尺余の勝手口には出来ない。そのために、必然的に板を畳脇に入れて拡げる事が行われたのである。それがまた見た目にも使い勝手にもいい効果を与えているのである。

四　妙喜庵の露地

前に記した片桐且元の宝積寺の図中の妙喜庵は石垣と門と一つの屋形に一本の大きな松を書き「かこひ袖すり松」と書入れをしているが、これだけではこの囲の露地の様子はわからない。しかしこの松が南の方敷地の境近くに根を書いているところを見ると今日の待庵の露地とあまり差はなさそうである。

この松について茶湯評林(元禄十年)は「書院と圍の間に袖すりの松有。古い袖すり今ハ大木也」とし、都林泉名勝図会(寛政十一年跋)は「袖摺松、茶室の側にあり利休ここに幽棲の時秀吉公來輿し給ひ袖を摺て茶亭へ入せ給ふとぞ」と記している。この伝えの如く利休が妙喜庵に幽棲したかどうかは疑問であるが、またこの松に秀吉の袖が実際摺ったかも知れないがそのためにこの名が出て来たのではなくて、これは一般に路次の飛石近くに植える松を袖すり松と称して、庭作りの一つの約束としているのである。問目録(西堀一三氏蔵)に「役木は袖すり松と云て袖えもんをする様の木を一所か二所にも植るなり。松にはかきらず、餘の木にてなり」とある。この如く一般的

6図　妙喜庵（寛政十一年跋都林泉名勝図会）

な約束として書かれているばかりでなしにその例は「古織部路地に袖すりとて必道に大きなる木を植被申候」（一庵翁茶湯之伝）と記している。袖摺松は始めから大木を植えた例もあるらしいので茶湯評林の如く「古ハ袖すり今ハ大木」という如き事は意味をなさない。また小堀遠州の伏見の邸内松翠亭の路地にも飛石傍にかなりな松を植えてそれを袖すり松と奈良の松屋久重が寛永八年正月八日の日記中に書入れている。

且元の宝積寺図ではこの松以外には何も書かれてないが、南の石垣側には現在の植込くらいのものはあったであろうと思う。都林泉名勝図会6図中の妙喜庵は茶室の前に竹垣があり、その前は籔になっており竹の建仁寺垣に沿うて高くない木五、六本ある。これは現在とあまり変わらない形である。

江戸時代初期の状態を伝える松屋久重の図には何も出てないが、恐らくその時に加賀から派遣された大工伊右衛門の実測図の書込みであると思われるものが「金沢方々囲図」(前田侯爵家蔵)中に出ている。それには妙喜庵茶室の平面図を書いて「圖ノ外替タル事ナシ、潛口の脇ニ芝山ト云手水鉢アリ、飛石ハ當寺フセ申由也。袖摺ノ松アリ。利休所持ノ道具ハ一色モナシ……」と記している。これで見ると袖摺松があり、芝山の手水鉢があり、飛石は利休が据えたのでなくしてこの寺がふせたと伝えているのである。また懐蔵集に「妙喜庵宗易作りたる庭と云て覺々齋宗佐妙喜庵飛石の高きを用ひ冬木宗五廬路作候節飛石何も四寸餘りに定め候由、其後我等門弟横田某妙喜庵へ來り委く住僧に尋ぬれハ先住鞠を好候まゝ近邊の町人鞠の場に致し飛石取のけ又昔より利休植置候袖摺松幸枯候まゝ掘出し其跡へ小松を植候也」といっている。蹴鞠をするために飛石を取り除けたというのであるが、こんな狭い場所で如何かとも思う。しかし先に述べた金沢の方の伝えである寺で飛石をふせたという伝えと何か関係がありそうである。また槐記には「當世ニ、露地ノ石ヲ高クスルコトハ、意得チカヒ也ト毎度中井定覺ガハナセシガ尤ナルコト也。妙喜庵ノ石ノ高サ二寸バカリアリトテ、此ヲ法トスルハ違也、妙喜庵ニハ本ハ小石ヲ敷タル庭ニテ定覺ナト若キ時マデ覺エタリ、ソレヲ近年トリタル跡ノ石ノ高サ也、常式タルベカラズト云、イカサマ左モアルベシト仰セラル」と享保十一年正月十一日の近衛家熈の話に出ている。この中井定覚は前に記した如く京都の柳馬場丸田町上ル邸にこの妙喜庵写しの茶室をもっていた事が伝えられているのであるから、妙喜庵に対しての関心は強かったであろうし、この庭園の小石敷きを子供の時に見て知っていて、その変更されたのを残念に思っていたのであろう。

この小石敷はどの辺の事であったか不明であるが、待庵の土庇の下の叩き土の中の飛石や小石の石畳などの辺ではなくて、今日もなお石が高く見えている袖摺松のある東の方のことではないかと思う。「高サ二寸バカリ」と槐記にいうのは大部分今日では二寸以上のものである。

また袖摺松も前記懐蔵集にも出ている如く、枯れて、新しく植え継がれた。この事は享保始めの年代であったようである。「右松を絡中之茶人古跡なれハとて或は盆或は香合其他すき次第に道具に拵候也」(懐蔵集)と伝えている如く、覚々斎好み妙喜庵松の盆などがその後の茶会記に表われて来るしまた泰叟宗安好の菱屋三四郎の茶室には「一間小間四方にヌメ板入ナリ。板ハ何レモ小間也。妙喜庵ノ松木板ナリ。此松板有之故ノ好ナリ」(京大阪南都茶室、筆者蔵)とも伝えられている。泰叟は享保十一年に没しているからそれ以前の事である事明らかである。この松の枯れた事は山城名跡巡行志(宝暦四年)にも「茶亭在㆓方丈南㆒傳云千利休作也。袖摺松在㆓同所庭㆒今亡」としている。待庵の変更やこの袖摺松古材の道具のことなど表千家の原叟覚々斎(享保十五年没)に関係する話が茶書に伝えられるのは、その時代に待庵や其庭が修理される時期に到って、覚々斎の手によって修理工事が施されたのでないかと思われる。「山崎妙喜庵茶亭今に一宇残る其外好む所の茶座敷殘らずといふ天下に妙喜庵一宇のみ。庭飛石等殘らず。天下利休居士庭無之と云ふ。後人あやまり云虚言なり」(雪間草)と覚々斎時代をあまり経ない時代に妙喜庵露地変更の事を否定する如き文書が出るのも世間一般に変更された事を認め利休作の露地は一つもないという噂が出たからにほかならない。

要するに妙喜庵露地は江戸時代中期に利休時代の松は枯れ、石なども動かされたらしく、この時代よりなお半世紀余も過ぎて都林泉名勝図会に描かれる景観は、利休時代よりはかなり変わっていると見なければならないであろう。またこの図と現在のものは土庇下の石などは同じものらしくも思えない事はないが、露地の中心をなす手水鉢などは全く今日のものと変わっている。それには芝山手水鉢としているもので、自然石の上に棗形に近いものを据えていて今日待庵に見る手水鉢の如く自然石に穴を掘ったものと形が全く変わっている。写真6 芝山形手水鉢について寛政十年に速水宗達は「手水鉢」(自筆本、筆者蔵)中にその図と寸法を記している。「高さ一尺二寸五分。水門七寸、深さ、ワタリ《直径》八寸二分」としている。今日のものよりずっと脊が高く使い勝手もよほど異なるものである。この手水鉢は加賀の方の史料に見る芝山手水鉢と同じであろうが利休時代からの手水鉢かどうか疑問である。しかしかなり古くからあったようでまたそれは明治二十年代までも残っていたようである。茶室図録(本多契山著)に「駈込前の手水鉢を芝山と云ふ。名石なり。丈二尺余棗形なり。蹲踞にあらず立て使用するものなり。特別なり」としている。高さ二尺は宗達の一尺二寸五分と伝えるのと大部差があってすでにこの時取り代わっていたかも知れないが形は前からのものを伝えていたらしい。茶湯評林には妙喜庵について「丸く貳尺あまりの手水鉢有。即利休の物数寄にて作せ給ひし。寺の門へ入、圍の取つきにへいぢ門有。此きハに有たる由、今ハ書院の路地の角にあり」としている。これは今日も書院西の方に伝えている手水洗であろう。写真7 茶湯評林はこの手水鉢が茶室の蹲踞としているらしく記している。庭門の近くにあったにしても少し茶室からは離れ過ぎているように思われる。形は待庵の前のより遥かに優ったものである。今日待庵の手水鉢の後に桐の文様が彫り出さ

写真 6(右)　待庵手水鉢．昔は芝山の手水鉢と称する棗形のもので蹲踞(つくばい)ではなかったらしい．明治二十年代もそうであったらしいが，今はこんなに変わっている．このつくばい〔手水鉢〕も一，二年前のものより周囲の石が少なくなっている．これは明月堂と一緒にどこかへ行ったらしい．しかしその小石も昔からのものかどうかはわからない．
写真 7(左)　書院西の利休好み蹲踞．待庵前のものより古いものであるが，水穴が大きいところは利休時代の手桶に一杯の水を理想にした事から考えて異例に思う．しかしこれは書院に付属するためにこうなったのかも知れない．江戸時代中期から利休好みとして注意をひいたものである．

れた石灯籠があるが、これは都林泉名勝図会にも見えないもので、また見たところ古いものとも見えない。

以上によって利休時代のこの露地がどんなであったか知るところほとんどないが、江戸時代中期以前に芝山の手水鉢があり小石の敷かれた露地で、一本の袖摺松があったという事だけは明らかである。この中袖摺松は慶長時代に大木に描かれているので利休時代からのものであったであろう。またそれから躙口前の叩き土に入れられている飛石、茶室の西及び南の小石の石畳等は土中にかためられたものであるから、利休時代を伝えるのではなかろうかと思う。

利休は天正十三年八月廿一日利休居士と奥書をしている「茶道大意」(筆者蔵)に「庭之様體四疊半ノ前ニハ草木不レ植。石不レ立。砂不レ蒔。クリ石不レ並、其故ハ客之目ウツラヌカヨシ。御茶ニ精ヲ入レ名物ニ心ヲ付シメン爲也」と述べている。[註六] またこの本はこの妙喜庵茶庭の出来たと伝えられる時とあまり隔たらぬ時代の書であるから、もし利休が此妙喜庵の庭を作ったならばこの思想によっただろうと思われる。これによると茶庭にはあまり目のつくような庭造りの手法を表わしてはいけないという事である。この時代以前の造庭の手法となっている立石や、まき砂、栗石敷きはいけない。茶室の前には草木を植えてもいけないと述べているのである。しかしてこの小石(くり石)を並べることは細川三斎が作った休無の茶庭や小堀遠州が作った滝本坊の茶庭などに見られる手法で、恐らく利休時代にはかなりに流行ったやり方ではなかったかと思う。「ある時宗旦老人予か(久須美鶉巣)茶席にて咄し申され侍りしは昔ハ露地に砂利を置て山路のおもかけをうつしつるが……」(指月集)と述べているが、今ここにいう小石敷はこうした山路の感じのために小石を敷くとは全く異なって庭の土を見せないように一面に並べ敷くのである。それが利休はよくないと言っているのである。この思想から待庵の庭が作られたとすれば中井定覚が子供時分に見たという「小石ヲ敷タル庭」は茶室の前でなくて恐らく明月堂の前、袖摺松の東側の庭を指しているのであろうかと思う。小石をとったために飛石が高く見えると思われるところは茶室の前には現在なく、今も明月堂の前では見られるところであるからである。

また同書中に利休は「次之間或は手水所之アタリニハ青々トシタル草木ノ可レ有。其故ハ爐ヘンノ上氣ヲ涼シクシ、小座敷之窮屈ヲ伸ス爲也。御來臨ニハナクテ叶ハヌ物也。平生用ヲカナヘスシテ爽ニ持者也」と述べている。秀吉が来て茶をのんだと伝えるこの待庵は、利休の言の如く全く次の間や手水鉢の辺に青々とした草木が植えてあるのである。これは都林泉名所図会にもその程度に出ている。慶長の図にも袖摺松以外には木は一つも書いてないが、その程度のものは植えられていたであろう。

利休は茶話指月集に依ると山家集の「樫の葉のもみぢぬからに散りつもる奥山寺の道のさみしさ」を茶庭の理想としたと伝えているが、これも樫木や山寺の道の形をいいと述べているのでなしに、自然に生えている樫木や何の庭園的技巧も示さない山寺の道の如く、目立たない樹木や少しも巧まない道を作る技巧のない庭がよいと述べているのであろうと思う。それは前に述べた石を立てず木を植えずと同じ事を述べているのである。

躙口前の叩き土中の飛石やまたそれにつづく小石の畳石の庭は室町時代を中心に発展した石材や池水や樹木で描く庭園の表現的技巧から見たら、ほとんど見るべきものがないといっていい。これは見るものがないというところに特徴があるのである。しかしそれを踏んで歩み行く露次としての建築的表現としては非常に優れた技巧を示しているといえるであろう。正面の土庇と両側面にもつ畳石との大きさの比例や位置的釣合いはまたその全部を構成する部分と部分との関係などは、他にこれに比べ得べき茶庭を見ないほどに優れたもので、茶室と相まって、最も優れたものの一つであろう。「利休ニ大名衆トモ石ヲ頼ミスヱラレシニ、五分一寸ノ事ヲ吟味セラレシカハ皆アマリナル事ニ思テ夜ノ閒ニ五分一寸宛ワサトチカエテ置レタレハ、コレハ違フタルトテ又直サレシトナリ。目利ノ違ハヌ事ヲ人々感シアエリト云リ。宗旦ノ曰」(旧聞集)などの話は恐らく作り話であろうと思うがこの待庵の飛石と畳石などの間の比例的位置関係の上にその真実らしさを読む事が出来るように思う。この茶庭も松の木の辺や書院の前などにはかくの如き緊張感は全くない。また手水鉢や石灯籠などにもない。この土庇と畳石は利休を離れても、かくの如き庭の頂点を示していると思うのであるが、逆にこのような優れたもののゆえにその中に利休を見ようと私は考えるのである。またこの露地は清水清兵衛が写した起絵図（筆者蔵）によると、袖摺松の南方、畳石のところで竹垣が作られて、内露地あるいは坪の内とでもいうべき一区劃を作っていた事があったらしい。この図は江戸時代末か明治時代初めのもので古い図面ではないが寛政十一年の都林泉名所図会中の妙喜庵図中には見られないもので、あるいはそれ以前の庭の形を伝えているかも知れないと思う。この清水の図にはまた躙口左の下地窓上に竹刀掛も描いている。これは飛雲閣憶昔の茶室などに見る形で二本の太い竪の竹に竹釘を打っただけの極めて単純な古風なものである。妙喜庵の総てに伝えられる古い形式と調和するもののように思うが、他にこれを伝える図に接しないので利休時代からのものであると今直ちに決める事は躊躇せざるを得ない。後考に待とう。

五　結び

最後に二、三の異説について記そう。妙喜庵について「千利休茶亭在二同所一所レ作四、疊半圍也」(山州名跡志)また「千利休構㆔茶亭於㆓其處㆒是謂㆓一帖臺㆒」(雍州府志)また「茶室佛殿の側にあり。千の利休居士の營む所なり。二帖臺目四方錆壁」(都林泉名勝図会)等、江戸中期以後の地誌に見えている妙喜庵利休茶室の大きさに対する伝えが実にまちまちである。待庵二畳または次の間を入れて三畳というべきを四畳半、一帖台、二帖台目等と呼んでいるのは如何なる理由であろうか。妙喜庵利休茶室が二畳敷であった事は江戸時代初期の宗不の茶会記や松屋秘抄の記するところであって、またこの種のものでも都名所図会などは「二疊敷の圍」と正しく伝えているのである。中でも四畳半と伝えるのは、勝手と床の間を合わせば大体四畳半の大きさだからといえるかも知れないが一帖台や二帖台目は如何なる理由であろうか。炉の切り方が昔は台目切であったという伝えのある事を前に述べたが、二畳敷台目切炉というのが誤ったとも強いていえばいえないこともないかも知れない。

これについて思い出すのは妙喜庵になお一つの他の茶室長四畳または三畳台(大)目とか三畳大目向板入とかいうべき[7図]の如きがあったことが茶道秘観(江戸中期の写本、筆者蔵)に伝えられていることである。この茶室はいつ頃まで妙喜庵に伝えられていたか他の茶書では見ないもので全くわからないが、この長四畳あるいは三畳台目の茶室と待庵二畳とが混同して四畳半とか二畳台目等の誤伝を生じたのではないかとも思うのである。

これ等の誤伝の問題はともかくとして、要するに妙喜庵は桃山時代から茶室のある事が図に表われ、その待庵は江戸時代初期から利休の茶室として模写され、中期にはこの茶室が唯一の利休遺構と信ぜられた。

しかしこの茶室も変更を受けた。その一つは炉であるが、これについて江戸時代中期に変更されたと伝える一、二の茶書がある。しかし決してそうでない。もし変更されたとしたなら桃山時代にまでのぼる時代であったであろう。

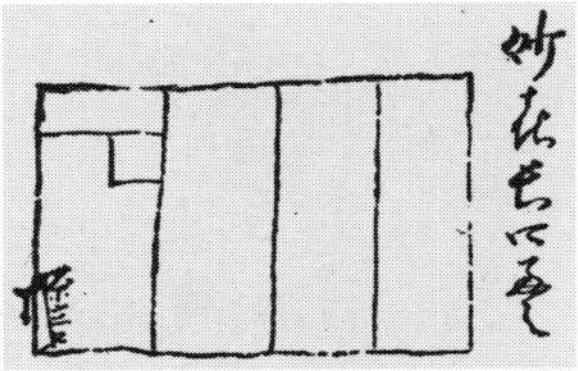

7図　妙喜庵茶室長四畳敷
（茶道秘観，筆者蔵）

次に床柱や西側の壁の間柱は明らかに変更を受けた。これは恐らく江戸時代中期以後のことである。中期のこれらの変更と、ずっと古い時代に変更されたかも知れない炉の切り替えとを混同して二、三の茶書は伝えているようである。

二、三の部分的変更は受けたが、しかしよく古い形態を全体に保っていて、茶室建築の古典として第一に挙げらるべき最も美しい最も茶室建築的特徴を示す遺構の一つである。今日残っている多くの古典的茶室遺構も桃山時代にすでに文献に表われるものはこの妙喜庵茶室の他にはなく、また江戸時代初期にすでに平面と寸法が伝えられるものも今のところこの茶室の他にはないように思う。多くの古い茶室遺構は平面など見られるのは皆江戸時代中期以後の図である。これらの意味で妙喜庵待庵は利休を離れても、またそれが利休好みであるという事によってなおさらに茶室史上に占める位置は大きいものといわなければならない。(昭和十五年六月)

註一　永井信斎の茶会は前に引いたのと同じ会で旁求茶会記中の伊丹屋宗不筆記にあるもので不幸にして年号が欠けている。信斎は織部と遠州に茶を習っていて寛文八年八十二歳没であり、伊丹屋宗不は寛永未年六十五没とも寛永七年六十六とも伝えられているが代々宗不を名乗っていてどの宗不であるか明らかでない。しかしこの会に出ている石川土佐、小浜式部等は永井信斎及び宗不と共に遠州の茶会にたびたび出ている。石川土佐は寛永十七年より正保四年まで、小浜式部は寛永四年以降正保二年まで、宗不は寛永八年以降正保三年まで見えているので、これらの人名によってこの会は寛永から正保頃の会と見られる。

註二　細川三斎の京都吉田屋敷の茶室の室床、片桐石州の大和小泉の平三畳囲の室床等。

註三　松屋久重は床について「床如此コシヌリアリ」として素描をしている。右の方入隅の塗継の山は「高七寸」左の方は「高四寸二分」としている。現在見えている古い方の山形の高さは右の方七寸五分、左のは六寸で新しい塗直しは高一尺七分ある。古い方の大きさは大体右の方は合っており左の方はやや異なるが、恐らく承応時代もこの壁であったように思われる。

註四　如心斎口授茶道聞書集稲垣休叟書込、本文川上不白聞書(わび誌)のものの中に大坂の故事家で同じく享保年代の大枝流芳のいったことを休叟が書き込んだ書き込みに妙喜庵のことがある。床柱のこともそれである。

註五　一般に右勝手というのは江戸時代初期からの茶書では右手の方に葭棚とか道庫のある場合、すなわち右手の方に勝手があり、左の方に客畳のある場合をさしている。左勝手はその反対の場合をさしている。そのために右勝手は逆勝手の事をさしている。これについて今日は本勝手を右勝手と呼ぶがよいと千道安がいった事があり今日も混乱している。大坂城山里丸にあった二畳の茶室は山上宗二の図によると左勝手であり本勝手であり、順勝手であって、右勝手ではない。これを右勝手と呼ぶとすれば江戸時代中期にすでに混乱しているといえるが、左勝手の書き誤りでないかと思う。かくの如き例は極めて少なく左右勝手の事は江戸時代中期の茶書「茶湯座敷図式」や「茶湯闇明書」等に明らかである。また後期の「茶室左右手前大法図」には右勝手を左手前といい左勝手を右手前と呼んでいる。また右勝手左構、左勝手右構等と呼んでいるのもある。今右勝手左炉は右勝手左構と同じ事を意味するかも知れない。

註六　この茶書は二巻本で利休初期の茶を知る上に最も重要な書である。これは内容が数寄道次第とか千道有之私条とか松屋秘抄、烏鼠集などと共通なところがあって、恐らく利休が茶を学んだ古い時代の茶を伝えているもののようである。

『現代建築』現代建築社、一九四〇年七月号(千利休特集号)より

庭園序説

一

今日から庭園の話をいたしますが、庭園といっても、私が庭園というのは、ちょっと、今までの庭園とは、意味が違うものをいおうとしているのであります。

今までの庭園とか、造園とかいわれているものの、話を聞き著述をみまして、不思議に思い、自分の意にみたぬものがあることを感ずるのであります。

それは何かと申しますと、東京のうちで一番きれいな所はどこだろうかと、こういうように、私どもはまず考える。都市計画的にみても、建築という例からみても、あるいは庭園という側からみましても、どこであろうか。この質問に対して、私はもうまっ先に、江戸城の跡である今の宮城の、お堀の辺。あの辺の松の木や、池や、石垣のあいだ。あの辺の所が非常にいいと思うんですね。あそこでこそ、日本らしいということもできますし、優れたものと思うのであります。

フランス大使で詩人であったポール・クローデルが、毎朝あそこを散歩して、好んであそこを良くみた。詩を書いて、絵を付けて、詩集を発行したことがあります。外国人でもなかなか面白いところを見るなという気がしました。そういうあの美しい池と、松の木のある土手というようなもの。あれを今までの庭園家は、一度もふれていない。そういうものを庭園という意味では考えない。造園というような意味では考えない。そういう所に私の不満の第一はあるのであります。

もう一つ、私どもの一番感心するのは、厳島神社、日本三景の一つの厳島神社です。宮島という島のところの水際に、神社を作った。それも海水の上に柱が立っているという神社を、あそこで作っております。あれができている感じというものは、江戸城のあの跡と同じこと、たいしたものの一つ、世界に誇れる一つだと思うんですね。

大体、海の水というような自然的なもの、それから、宮島というような島山ですね。そういうものの中に、寝殿造り風のもの、前後流れ造りなんていうような作り方の、檜皮ぶきの赤い色で塗った神社建築が、海の中に入りこんでできている。そして遥か手前の方の海の中に鳥居が立っています。

これは、今まで、何だろうかということを、あまり考えられていないようであります。けれど、私もそれが何であるかわからないのですけれども、すばらしいものの一つに思えます。

ああいうものの美しさというものは何であろうか。今まで、庭園史家も庭園家も、一度もふれていないんです。これを私は一つの不思議なことのように思います。

建築史の方では、神社建築として、水の上にある建築だけをとり上げています。けれど、あそこでみる美しさというものは、建築とか庭園とか、自然とか、そういうもののの、ばらばらのものではなしに、一つのものですね。建築も、庭園も、自然も、そういうものがあいよりあいまって、一つの何か空間構成、スペースデザインというような言葉に、丁度ぴったりあったような、非常に大きな空間構成をやっているんだ、と、こういうことであります。

そのような美を、非常に早く見いだした人は、今は亡くなってしまいましたけれど、日本画家の小林古径という方でありました。彼がまだ若い時分、私どもはまだ中学を卒業して東京へ出て来た頃ですけれども、古径さんも若くて、あれは帝展とか日展とかいった時代ですね。その絵が落ちてしまった。無理に、一所懸命に頼んで見せてもらったら、全体まっさお。まっさおな群青の海の中に、こう山があって、赤い柱のお宮が画いてあった。だからこの画家も、ああいう方面を非常に興味を持っていたんだなど、今から回想して思うのであります。

あの美しさというものは、神社だけではない。島というようなものだけではない。全体の空間というようなものであります。そして、そのお祭りは、毎年の一番の大潮の日に、鳥居の中を船がくぐっておこなわれます。管絃祭であります。

あそこに見受けられる美しさというもの、漠然とした何であるかわからないけれども、心をうつその美しさを、われわれははっきりつかまえなくてはならないと思います。

もう一つの、今までの庭園史家がふれなかった不満を申せば、日本の古代の、古墳時代の古墳であります。大体、掘られた池に、山を築いた。築山ですね。たとえば、仁徳天皇皇后〔垂仁天皇皇后〕の日兼酢姫〔日葉酢媛命《ひはすひめのみこと》〕のみささぎが、奈良の近くにあって、三笠山から見ると、よく見えております。が、ああいう古墳の美しさ、これも、私はなぜだか非常に好きなのです。

あれは考古学の領域に入っていて、建築史の方では取り扱わなかった。けれどもあれは、まず建築にとり扱わなければいかんのではないかと私は思って、言ったり書いたりしたことがございますが、また庭園という見方から言ったら、これこそ、一番、日本古代の初期の完成である庭園、と考えなくてはいけないいんじゃないか。

池を掘って、そこのところへ山を造るというのは築山であるし、そこに木が生えているのですから、これはもう庭園より他ないようなものであります。なぜ庭園であるか、ということは、これは一つ、定義のつけ方ですね。

ああいう風の、スペースデザイン、空間構成というようなものは、これは、庭園というような概念でいれなければ、入れるところがないと思うのであります。それは、ヨーロッパで発達した美学や何かの教えるところでは、自然物をふくみ得るそういうようなものは、造形芸術というようなジャンルの中に入って来ないいんです。ですから、そういう美学を、観念的に自分の学問の要素としてきわめている芸術史家・美術史家も、そういう意味では芸術としてみていないのです。

しかし、これは、建築のデザインというものと、全く関係して来るのであります。建築のデザインの畑からみた造園とか庭とか、そういう言葉で、一つの世界があるのではないか、とそういうことなんであります。

上の三つの例を申しますと、私の庭園に対する、一つの見方は、大体いいつくせているると思うのであります。

二

それは、自然と人間の生活とをふくむ美的な空間の構成で、都市計画をもつつみこむものでなくてはいけない。

藤原京・平城京の昔から「四神相応」というような言葉で言われていますし、江戸時代では、戦争の場合の防備のことが中心になりますが、いろいろと考えられてきました。そして、現代になって、都市工学科というようなものが、建築と大きく関係しながら、やっと成立したのであります。ことに東京のような過大都市をどう処理するか、というような問題は非常に難かしいことです。が、そういう都市計画自体のものの中で、周囲の山や、川や、グリーンベルトとか、公園とか、道路の設計、特に並木のあり方とか、をどう取り扱ってゆくか。

こういったものの全体のつながり、これはやっぱり自然物を計画の中へ取り入れてこざるを得ない。そういうデザインが一つ必要なんですね。

これは、樹木をつくるばかりの技術を主とする林学的な造園というものに属してしまってよいかどうか、疑問になります。

どうしても、独立したデザイナーというものの仕事の中に入ってこなくてはなりません。意匠というものを専門にしているのは、工学部の中では、建築学科より他にないのであります。建築家は、それが好きであろうが嫌いであろうが、とにかく、否でも応でも、自然物をとり扱うような、そういう研究を、自分のデザインの中へ取り入れてゆかなくてはならない。そういう一つの結論がここからでてくるのであります。

自然物をとり入れるということ。これは、都市計画では勿論でありますが、そんな大きなものを考えないで、一つの住宅を考えても同じことです。

私ども、若い時分に、よく住宅を頼まれてやったことがあります。すると、一番の見てほしいところ、ここは隠れてもよいというようなところが、建築・住宅の中に沢山出てまいります。

それを、お出入りの植木屋や主人の好みで、こちらが最も表わしたいところへ、大きな木を入れたり、ここは隠したいというようなところを丸見えにしたり、そういう庭園を作られることが非常に多いんでありわす。これは困ります。建築家のデザインをぶち壊されては、かなわんのですね。

とにかく、デザインというものである限り、デザイナーが主人でなくてはいかん。このことと、持ち主である主人ということとは全く違うので、デザインに関する限りデザイナーが主人でなくちゃあいかん。デザイナーが主人でないというのは、御用建築家や御用植木屋のやることです。

建築家が、アーキテクトであるという一つの自覚のもとに、自分の計画を進めてゆくには、自分がそれの範囲において主人である。帝王でなくてはいかんのであります。

それで、建築家というものに、切り離すことのできない造園学が必要になります。先ほども申しましたように、造園学が林学科にもあってよい。また、都市計画が土木科にもあってよい。しかし、デザインというものを先立てた、空間構成という非常に雄大なもの、都市計画をも芸術として把え得る建築のデザイナーとしての庭園学がなくてはいかんと、私は考えるのであります。

三

それで、そういう出発をしまして、デザインの側から庭園というものの定義を下したらどんなものになるだろうか、ということが、まず第一に問題になってまいりましょう。

日本の古い文献を見ますと、古事記や日本書紀では、「ソノ(苑)」を主に使っております。「庭」は万葉仮名で書かれているところもあります。「園」は、中国の意味では囲われたソノの意でありましょうが、天平勝宝三年、七五一年に作られた『懐風藻』という漢詩集に、「園池」というのと「林園」というのを三ケ所ばかりみつけました。が、比較的使われることが少ないようであります。

日本では、ニハ・ソノを、周囲に塀があろうがなかろうが使っていたと考えてよいでしょう。で、ここでも、「庭」という字を主に使い、「庭園」というような字を、日本的な意味で使ってゆこうと思います。

そこで、われわれがまず考えなくてはならぬのは、我々の人間生活の場、生活のフイールドです。

まず寒暑を防ぐためには家がある。その前や後、横手というような余地ができる。それが庭である。という風に昔は考えていて、そこに木が植えてあるとか草が植えてあるとかいうような条件は、なかったようであります。しかし、記録に残っている、天皇や貴族の庭には、おそらく植えられていたんだろう、と考えられる。

とにかく、住まう家と、それをとり巻く自然というようなものの、一つの空間構成であるデザイン。こういうものは、きわめて古い時代から、自然発生的に出てきた芸術だと、こう考えていいですね。われわれは、それが芸術であると把えて、そのデザインというものを、考えようとするのであります。

すると、そういうデザインの素材となるものに、自然が出てくる。自然物がでてくるのであります。

それでは自然物というのは何か、ということになると、これはなかなか、哲学の方でも問題になります。

普通は、人間生活に対立する側の、外側のもの、という風に考えられますが、これは、ヨーロッパ風の自然観ということになりましょう。

日本人はそんな風には考えていませんね。自然というのは、盆栽みたいなものでも自然だとこう考えている。むこうでは、あんなものは自然だとは考えない。そこに非常に大きな差ができてしまうのです。

自然というのは何か、ということになると、私もよくわからないですけれど、特にその境目はよくわかりませんが、その著しいものは、むこうにみえる木、とこう言えばいいですね。

あれは我々と対等の生命というものを持っていて、自立的に成長している。生まれて、成長して、そして老いて死んでゆく。そういう生物です。ああいうものは、やはり自然といっていいんでしょう。もっとも自然らしい自然と。

ですから、人間と自然の対立といった哲学的なむずかしい問題は考えずに、とにかくあの樹木をまず考える。それから草というものを考える。これらは植物ですね。

それから、庭園の中には、魚を飼ってみたり、あるいは孔雀のようなきれいな動物を飼うことも沢山あります。人の生命と違う生命を持った他のもの、これも自然といってよいでしょう。人生からいうと対立的なもので、そういうものを素材に含んでいる。これが一つの大きな条件ですね。

そういう、庭園の素材の中で、一番面白いのは石です。が、石なんていうのは、あれが生きているかといわれると、これも私は返答ができませんけれど、とにかく野山にある石、このようなものは、自然物と考えていいでしょう。鉱物というようなものですね。

それから、これに人工を加えたもの。庭園の中で特に喜ぶものは、石灯籠みたいなものもありますけれど、これは全く建築的なものですが、そのようなものでなしに、大きな古い礎石、これを喜んで使います。

けれども、そういう石というものに、苔が生えることを、庭園では喜ぶものです。で、ああいうお寺の大きな礎石みたいなものへ、苔むしたものを、木の下とか家の脇とかへ置く。で、そういうものは何かというと、これは、人工のところへ自然というようなものが被さった、こう中間的なものなのですね。

自然に被われた人工が、あらわではないけれども、自然の陰に見えているようなそういったもの、自然物の中に入るか入らぬかわからぬもの、これも庭園の素材の中に入れるのであります。

このように、素材を特に取り上げるのは、庭園を造型芸術の一つだ、と考えるからです。

造型芸術といいますと、沢山ありましょうけれど、一番主となるものは、彫刻や絵画ということになりましょう。このようなものにくらべて、庭園の、確然と他と違う特徴とは何かというと、これは、自然物をそのまま素材として持っているということ。これがまあ、唯一に近い、最もいちじるしい特徴であります。この自然物そのものを素材として、これによって作られる造型芸術ということになると、これが庭園ということになります。

四

もう一つ、自然物を素材としていることで挙げられる特徴は、庭園は動く、ということです。

一般の造型芸術のうち、立体的なものですから特に彫刻をとり上げてみますと、これは動きがない。表現的な動きはあっても、それ自体は、一般には動かないのであります。

それが同じ造型芸術で、自然物だと動くのであります。大体、成長してゆきます。また、花が咲く、花を散らす。あるいは風によって、動いたり音を発したりする。そして、そこに流れを置く。つまり水です。池を作る。滝をつくる。そういう一つの流動的な動きが入ります。天然自然物を素材にするということは、動きが入るということと同じ、と考えてよいのであります。が、動きが入るものは、単なる造型芸術という言い方では、ちょっと解ききれない。ヨーロッパ的な美学の見方では、解ききれないものがあります。

そういう意味では、造園なんていうものは、向うの美学からは、今まで追い出されてしまった外域のものだ、というふうに考えられていました。

とにかく造型的なもので動くことがある、ということは、時間が入っているということですね。

時間芸術と申しますと、これに対しては、造型芸術より空間芸術と言わなくてはならぬのかもしれませんが、時間芸術の最もいちじるしいものは音楽です。この音楽というものまでゆきますと、庭園の流動的な動き方というものは、非常に非芸術的な、生の自然にすぎません。滝の音にしても、流れの音にしても、木の風の音にしても、これは生の自然です。

ですから、音楽というようなものを考えた時間芸術と、庭園の場合とをひっくるめると、概念的に混乱してしまう。で、外へ出してしまった方がよいかもしれません。

しかしながら、庭園には、そういう時間的なものが非常に大きな意味を持っているので、彫刻なんかとまるで違う、庭園の自然物抱擁という場があるのであります。

ですから、自然物という生の生命が入っている一つの結果として、どうしようもない一つの動きであり、時間の推移をふくみます。それで、こういうものは邪魔だからといって、造型芸術とか時間芸術の外へ、概念的に出してしまう。そういう美学では、庭園は解けないことになるのであります。

ここからは、庭園は芸術ではないといういい方もできましょうが、私は芸術であると思います。彫刻や絵画というものから追い出されたような領域で成り立っている造型芸術であり、造型芸術といういい方がいけなかったら、空間芸術というような言葉を私は使いたい。しかしまだ、美学の方では、空間芸術というような言い方は、あまりはっきりはいいません。

しかし、芸術的な空間構成、人間の生活も、自然も、都市計画というようなものまでもひっくるめたものも、そこに美がつくられている限り、そこに一つの芸術的表現があり得るし、現に成り立っている、とこういう見方に立つのであります。

庭園が自然物をそのように含んでいる場合に、その動きというものを、どういうふうに考えるか、ということですね。で、庭園に木を植えるとしますと、それが何時花をつけるか、あるいは紅葉していつ葉を散らすか、いつまでも葉を持つか、とかいうことは、これは庭園家になるためには、どうしても知らなくてはならないことです。その性質をよくのみ込んで、そのいずれの場合においても見られるような構成を作る、配置する、ということ。われわれがみて、いつ見ても美しいと感ずるように構成することに、庭園は唯一に向かっているわけです。

植物は植物の世界として、われわれは、それが表現としてどういう意味を持つか、ということでみればよいと思う。たとえば、むこうに花が咲いている。あれは今に散る。それでいいわけですね。花が咲いた時にも、散った時にも醜くなくて、一つの空間構成が成り立つように考えてゆけばよい、ということです。

庭園の中には、ある一時期、花の咲いている時、あるいは紅葉の時が一番いい、というような庭園は勿論あります。でも、花がすんでしまうと全然見られないというようなものは、これはもう庭園ではありません。並木や堤防の桜の木のようなものであって、まあそういうものは、都市計画的な一部としてはあり得ても、特に芸術的なものを追究するごく狭い意味での庭園といった場では成立しないということであります。

で、植物なら植物の、こういう動きを良くのみこんでおいて構成する。このような修業をすることが、庭園デザイナーに必要なことになります。それで、ある時間なり時期なりの部分部分が、一つ一つ見えるということは、時間が入っているということですから、たとえていえば、映画のようなものに近い。フィルムの一駒一駒を見てみると非常に良い。それを一続きにずうっと流して、動かしてみてもいいということ。その両面を持たなければいけない。

そこに、映画ほど時間芸術ではないけれども、そういう時間が、表面の空間構成の内側に仕組まれている。こういうことが、庭園のデザインの大きな一つの分野なのであります。

五

庭園が生命を持ったものを含んでいるということを、あらためて考えてみますと、そう長い間の生命はあり得ないですね。

千年の生命を持つという楠のような木もあるらしいですが、そういうものが、かりに植えられてあったとしても、昔の庭園家が作った始めの時代とは、全然違う姿になってしまう。ですから、古い時代の、ある時代の、という庭園がいつまでも美しいかというようなことは、それを管理するという場面が大きなファクターを持って来ます。

管理の悪い庭園というようなものは、すぐ崩れてしまう。日本のように湿気の多い暑い所では、一夏放っておけば、大体みられなくなるような、そういう庭園が非常に多いのであります。ことに草花、草というようなものを主にした庭園は、なおさらであります。

で、われわれは、そこに時間を考え、生命のことを考えるわけです。が、古い庭園の研究家は、結局、石組とか地形とかいうようなものだけに興味を持つようになってしまう。こういうものでなくては、何百年、何千年の命脈をつなぐ庭園はないのであります。こういうものでも、長い間には、どれくらい移り変わっているかわからない。で、庭園というものは、ごく短かい生命しか持っていないんだということになります。そして、それを長く生命を持たせるためには、管理をしなければいけない。しかし、これにも限度があります。桂離宮なんかは、非常に管理の行き届いた方であるけれど、でき上がった頃の文献をあさって見ますと、よほど変わってきている。あれができた頃の木は、一本も残っていない。その他、いろいろ違った部分ができて来ますが、とにかく、樹木や草花というようなものが大きな意味をなす空間構成のうちで、これらが移り変わってなくなってしまったのでは、最初のデザイナーのデザインは生きていないということであります。

これは、生命あるものを素材とする限り、やむを得ないことであります。

しかし、生花なんていうものは、一日位しかもたない。それでも一つの芸術として、一生懸命いそしむ人がでてくるのですが、そういう寿命ということは、自然物を取り扱う限りはやむを得ない。

で、古代的な庭園の良さというようなものも、何をみているかということになると、これは、まぼろしを見ているようなものであります。

しかし、人間の生活、これは不思議なものであります。生々流転ということがありますね。移りゆく自然、それから人間の生活というようなもの。これらが、こう一緒になって、こう寄り合わせたようになって、そこのところにいろいろな美もあり、悲しみもあり、喜びもある、というような、そういうものであります。そういうものの中に、古い庭園といわれるようなものの、何かが残っている。

管理がよくて、できるだけもとの姿に残そうという努力があり、それによって、昔の美をいくらか残しているものは、ないではない。ある程度の美しさを保っているものは相当にあります。ことに日本は庭園好きでありますから、いくつも残っております。けれども、それが直ぐにその作られた時代にとび上がれるかどうかは、非常に問題のあるところであります。

それで、素材である自然物の生命というものをよく知っていなくてはならないのであるけれども、たとえば草の庭。秋草の庭なんてものは非常に面白いものでありますが、そういう草の生命は、たった一年しかない。来年はどういうふうに出るか、枯れるかわからない。そういうような庭園というものは、その一期《イチゴ》だけを考える。生花のように瞬間ではないけれども、とにかくある時間というものを区切って、美しさを空間的に表わすのが庭園だと、こういう心構えをまず持たなくてはならぬのであります。

まだ、人と生活と庭園とのかかわりには、いろいろな方面がございまして、たとえば、宗教というようなものとからみあった自然といったもの、これは日本の庭園の中には、非常に発達して行われておるものですが、こういうものが見えるためには、まさに人間の生活の中の習慣とか宗教とかいうようなものを一緒に考えないと解けない。そのようなものもあります。

で、庭園の定義としましては、こんなことで大ザッパではありますけれども、私はこのように申したい。「自然物を素材として含んで、大体空間芸術であるが、時間的なものに関係がある」と。こういうことだけを申し上げ、今日はこれでやめます。


〔本稿は一九六八年、明治大学建築学科における講義の録音テープより、木村徳國氏が編集し文章化したものである。〕

『SD』鹿島出版会、一九八二年一月号より

編者解説

藤岡洋保

堀口捨己の経歴

堀口捨己《すてみ》(一八九五―一九八四)は日本近代を代表する建築家の一人である。彼はまた、日本建築史や庭園史、茶の湯研究の大家でもあったし、歌人でもあった。多くの著作を残し、そのうちの「利休の茶」(『思想』一九四一年八、九、一二月号に連載)で北村透谷賞(一九四二)を、『利休の茶室』(岩波書店、一九四九)で日本建築学会賞(論文)、『桂離宮』(毎日新聞社、一九五二)で毎日出版文化賞を受けた。それらに設計の業績を加えて一九五七年に「建築芸術に尽くした功績」で日本芸術院賞を、一九六三年には「数寄屋建築の研究とその作品」で紫綬褒章を、一九六九年には「創作と研究による建築的伝統発展への貢献」で日本建築学会大賞を受賞している。

堀口の活動で注目されるのは、多彩な分野にわたる博識と感性を融合して、ユニークで華麗かつ壮大な世界を描き出していたことである。本書では、堀口が建築家として活動をはじめた一九二〇年代から晩年までの著作の中から、建築の芸術性重視、千利休研究をもとにした自己形成、「建築」と「庭園」に関するユニークな定義、「表現」に賭ける意欲を示した七篇を選んだ。

「発表」の仕方の新しさ

冒頭の「建築の非都市的なものについて」は、彼が設計した「紫烟荘《しえんそう》」のモノグラフに掲載された論文である。この住宅は、堀口の著書『現代オランダ建築』(岩波書店、一九二四)で紹介された茅葺きの洋館に興味を抱いた、呉服商で馬術協会理事の牧田清之助(一八八七―一九四七)が堀口に設計を依頼して、川口の馬場の側に建てた妾宅だった。

この論文のタイトルの「非都市的なもの」が奇異に響くかもしれないが、その発表が関東大震災直後で、都市計画が建築界の主要な関心事だったことが関係している。ここで堀口は、田園に建つからこそ、住宅の本源的な要求に正面から向き合うことになるので、その設計には大きな意味があると主張している。実際には、郊外の小さな妾宅にすぎないものに彼なりの普遍的な意味を見出して、それを美術図集のようなモノグラフに仕立て上げて出版したわけで、その装幀も堀口が手がけた。このような振る舞いこそが堀口の特徴のひとつである。

建築では、仕事を依頼された時点ですでに敷地や予算、機能が決まっているから、建築家はその枠内で設計することになる。それは偶然のできごとにすぎない。しかし堀口は、その「偶然」にほかの建築家が共有可能なテーマを見出して発表することを心がけていた。メディアを利用して建築の普遍的なテーマを社会にアピールするという行為は当時においては異例で、そこに堀口の先進性がうかがえる。

建築の芸術性の提唱

大学卒業を五か月後に控えた一九二〇(大正九)年二月に、堀口が同級生五人と「分離派建築会」を立ち上げたことはよく知られている。日本最初の建築運動で、彼らの図面や模型を並べた展覧会を開き、作品集『分離派建築会宣言と作品』(岩波書店、一九二〇)を出版して、建築が芸術であることを訴えた。当時、建築は「工学」と「芸術」が融合したものとされていたが、科学技術の進歩を背景に、機能分析や構造解析から最適な形が得られることが期待され、建築にはもはや「芸術」は不要と主張する声が大きくなっていた。野田俊彦(一八九一―一九三二)の「建築非芸術論」(『建築雑誌』一九一五年一〇月号)はその代表例である。分離派は、機能や構造合理性重視には賛意を表しつつも、最適解は複数あり得るから、そこから建築家が主体的に選びとる行為、つまり個人の感性による選択の重要性を主張し、それを芸術性称揚というかたちで訴えたのである。堀口はその急先鋒で、「こゝに柱があるとします。それは計算上支へ得る太さでありましてもオプチカルイリユージヨンを起すやうな不精確さが通有である人の目には適せないことがあります。私等の美意識に訴へて堪へられない太さでありますならば、その太さを私は直に変へるのに躊躇しません」（前掲作品集、一一—一二頁）と、構造合理性より感性を優先したいと述べていた。工学的根拠より、感性の表出のほうが大事だったのである。

ここで注意すべきは、野田らが批判していた「芸術」と、堀口が擁護した「芸術」が異なっていたことである。「構造派」と呼ばれた野田らが敵視していたのは、過去の建築様式を適用して立面を整えるという、それまで一般的だった「歴史主義」（俗に「様式建築」）という設計手法で、左右相称や装飾の付加で立面を美化するという、古い美学をもとにしたものだった。一方、堀口の「芸術」は抽象美をよしとし、線や面、ヴォリュームのような抽象的な要素による非相称のコンポジション（構成）で美がつくられるというものだった。抽象美学の提唱はテオドール・リップス（一八五一—一九一四）の『美学』（全二巻、一九〇三、一九〇六）にはじまるが、管見によれば、日本の建築界ではじめてそれを提唱したのが堀口である。歴史主義批判には分離派にも異論はなかったのだが、「芸術」の定義自体が異なっていたのである。

表現主義からモダニズムへ

分離派建築会の作品集（先掲のものを含めて三冊）掲載の図から、彼らがドイツで流行っていた表現主義の影響を受けていたことがわかる。当時のドイツの不安定な社会を背景に、鋭角や放物アーチ、自由曲面などを多用して、緊張感や不安感のような情動の表出を目ざしたのが表現主義だった。分離派は設計者の感性の表出を重視していたので、表現主義が彼らにとってふさわしかったのである。

堀口は一九二三年七月から翌年三月にかけてヨーロッパ各国の新建築を歴訪した。その際に彼が撮った写真約三〇〇点の多くを占めるのが、オランダのアムステルダム派とデ・ステイルの作品である。アムステルダム派のデザインは、レンガの自由曲面の構造体に茅葺き屋根などを載せたもので、表現主義の範疇に入り、当時の堀口の嗜好に合うものだった。デ・ステイルは直線や平面性を重視し、幾何学的なコンポジションを重視するもので、抽象美学という点で、堀口にも受け入れ可能だったろう。

渡欧の際に堀口が購入した洋書には蔵書印と購入年月が記されており、一九二四年二月にパリでル・コルビュジエ（一八八七—一九六五）の *Vers Une Architecture*（一九二三、邦題『建築へ』）を手に入れたことがわかる。帰国後の一九二六年には、そのドイツ語版

Kommende Baukunst を購入している。ル・コルビュジェはモダニズム建築のパイオニアで、後に二〇世紀を代表する巨匠と称された建築家である。堀口は渡欧中にその存在を知ったらしく、それを機に表現主義からモダニズムへのシフトを図りはじめた。その思想を学ぶために『建築へ』のドイツ語版も購入したのだろう。

モダニズム建築は、合理主義を基盤に、抽象美学に拠って、線や面、ヴォリュームのような幾何学的な要素の非相称の構成をよしとするものだった。合理主義は、本質的・普遍的な要素(真実)を重視する。建築は基本的に一品生産なので、そのあり方は多様ともいえるが、合理主義的建築観では、建築を成り立たせるための必須の本質的・普遍的要素に注目する。それだけで建築をつくれば建築の本質的・普遍的要素を必ず含むことになるから、どこに建てても、どの時代でも有効な「真の建築」になるはずである。そこで必須の要素とされたのが、柱や梁のような構造体や、線や面、四角形や円筒などの抽象的・幾何学的な立体で、その構成を立面に明示するデザインがよしとされ、装飾は二次的要素として排除されることになった。

堀口はモダニズムの日本への導入を先導しつつ、日本の数寄屋建築に注目し、そこに見出したモダニズム的な特徴を西洋にアピールしようとしていた。本書収録の「茶室の思想的背景とその構成」はその好例である。そこで堀口は、茶室の美を「反相称性」や

「構成」に見、「多素材主義」「反多彩色主義」「平面計画」への周到な配慮を特徴とすると述べている（本書七九―九一頁）。そして、窓や天井、「平面計画」に見られる非相称性、絵や墨跡観照の場としての床の間を称揚した。機能重視はモダニズムの教義の一つであり、「反相称性」や「構成」はモダニズムの美学である。

モダニズムは普遍性を重視するから、個性の表出をよしとする表現主義とは一線を画し、堀口にとっては、それまでの個性・感性重視の姿勢との関係をどう調停するかが課題になったはずである。その思索の過程がうかがえるのが「現代建築に表われた日本趣味について」と「新時代建築の神話その他」である。

前者は「日本趣味の建築」（鉄骨鉄筋コンクリート造の建物の上に瓦葺きの勾配屋根を冠する建物のことで、俗に「帝冠様式」と呼ばれる）が当時流行していたことに対する批判で、堀口による美の分類をもとに、その種の建築を糾弾した。そこで堀口が美について説明した個所に、感性・個性と普遍性の超克を図る彼の姿勢がうかがえる。

堀口はここで美を「主として知性によって把えられる美」と「主として感覚によって把えられる美」の二つに大別する。そして、前者を「功利の美」「組織の美」の二つに、そして後者を「功利的結果から自然に生じた美」「功利的限局の中で意識して求めた美」「表現の美」の三つに区分する（本書一四五―一四六頁）。

この説明から、堀口が美の多様なあり方を認めつつ、感性によって認識できる美と理性で認識できる美に分けて考えていたことがわかる。そして建築においては、表現のための美はすでにふさわしくないとして否定し、「功利的限局の範囲で意識し求めた形態美や色彩美」(本書一五二頁)をよしとした。それは目的にかなう美と同義だった。要するに、多様な美のあり方を認めながら、建築がめざすべきは合目的性を具備する美だということである。そのような立場から、「日本趣味の建築」を「表現の美」に該当するとして批判したのである。また、堀口が美を「結果として生じた美」と「意識して求める美」に分けているのが注目される。結果が似ていても、設計主体の意図の有無によってその美には優劣があるというわけである。合目的性を重視しつつも、個人の主体的な選択こそが枢要と考えていたのである。

「新時代建築の神話その他」は、晩年刊行の彼の作品集『家と庭の空間構成』(鹿島出版会、一九七四)の冒頭に「様式なき様式」と改題されて掲げられているから、建築家としてのキャリアを通じてのモットーと彼が考えていたことになる。そこでは、「事物的な要求が充たされるところに建築の形が自然に生じて様式が生まれる」(本書一八五頁)こと、つまり形は機能分析や構造合理性を追求することから結果として得られると述べている。感性優先から合目的性重視にシフトしたように見えるが、その文の前に「高められた感情の裏付けをもつて解決し充たすところに」という一節をわざわざ加えているから、個性重視の姿勢も保持しており、モダニズムの普遍性と個性の併存を図っていたわけである。それは自身の美学に存在意義を付与する試みであり、その両者を力づくで併存させようとすることによる緊張感が彼の表現に強さを与えることになった。

千利休研究を手がかりにした自己形成

建築家だった堀口が、なぜ『利休の茶』や『利休の茶室』を書いたのかと不思議に思われるかも知れない。それは茶の湯研究者や建築史家の仕事であって、彼の建築家としての設計活動とは関係ないようだが、堀口にとって、千利休研究は自身の進むべき道を確認するうえで、そして彼の和風建築のレベル・アップを図るのに大きな意味があった。堀口は日本工作文化連盟の機関誌『現代建築』で「千利休特輯号」(一九四〇年七月号)を企画し、そこに自身の複数の論文を掲載した。本書収録の「利休と現代建築」と「妙喜庵の利休茶室待庵」はその中核をなすものである。

前者は、そのタイトルからして異様である。利休は安土桃山時代の茶人であり、「現代建築」とは無縁のはずだからである。ここで堀口は、千利休を工芸家としてだけでなく、建築家、総合芸術家として絶賛している。そのような高評価のきっかけになったのが、利休作で唯一の現存例といわれる妙喜庵待庵《みょうきあんたいあん》との出会いである。わずか二畳の茶室に「妙喜庵の躙口《にじりぐち》から中へ入った時の感じをもっと卑近な表現をとるなら、脊すじの中へサット何ものかを受けた感じである。私はぞくぞくとして全く我を忘れた。魅せられるというのはこういう事であろう」(本書一九六頁)というほどの感銘を受け、その秘密を解き明かしつつ、利休の茶や茶室の真髄に迫ろうとしたのである。ちなみに、堀口は学生時代にも待庵を見ている。後年彼は「修学旅行の時に、利休の妙喜庵なんていうのを見ていますけれども、ちょっと面白いなと思った程度です」(「特集　日本建築のこころ」『APPROACH』一九七二年秋号、一五頁)と回想しているから、モダニズムの教義を得て、ようやく「待庵」を評価できるようになったわけである。

わずか二畳の茶室とその露地の当初の姿やその後の変遷を、実測調査や文献の博捜、既往研究の再検討をもとに考え抜いた成果が後者の論文で、利休に見出した現代的意義を示したいという強い意欲や利休への敬意が行間に感じられる。堀口の文章は、自身で反論を想定してそれを論駁したり、注記も読み応えがあるなど、情報量が豊富で、それを読み解くには幅広い知識が必要だが、説得力をできるだけ高めたいという彼の強い思いに支えられたものであるのを認識することが、その読解の第一歩になる。

利休研究は「総合芸術家としての利休」を見出すことにもなった。それは、抽象美の提唱や数寄屋・庭園研究の成果を統合して新たな表現をめざすことに彼が確信をもてたということであり、利休をロール・モデルにして自己形成したということでもある。そして、数寄屋建築にモダニズムと同じ価値を見出したということは、西洋が二〇世紀にようやく発見した価値を日本が先行して実践していたのを示唆することにもなり、堀口はそれを支えに西洋と渡り合おうとした。彼は和風建築の大家といわれるが、「日本回帰」したわけではない。むしろ、数寄屋建築の「普遍的価値」を西洋に発信しようとしていたのである。それは当時の「日本文化論」の一例でもある。

総合芸術志向――「表現」の重視――

堀口は、言説やモノグラフを活用した「発表」や「表現」を重視していた。それは、日本の建築界をリードしたいという意欲があったからだろう。だからこそ言説が重要で、自作発表の際に美術図集のような体裁で写真を掲載し、それに論文を加えるのが常だった。そしてレタリングも含め、その装幀を自ら手がけた。

堀口の「表現」は、常識を平然と飛び越える。そのような姿勢は、彼の「庭園」の定義にもうかがえる。本書収録の「庭園序説」の冒頭で堀口は、学生に「東京でもっとも美しいところはどこだろうか」と問いかけ、それは皇居のお堀端だとしたうえで、それを「庭園」と呼ぶのである。常識とは異なる見立てだが、彼にとっての「庭園」は「人工物と自然物によるコンポジション」を意味し、「建築」とほぼ同義だった。そのようなトータルな視点が「庭園序説」の厳島神社の評価にも見られる。建築史家がその社殿だけに注目することに疑問を呈し、周囲の入り江や緑を含めて評価するべきだというのである(以上本書二五五—二五八頁)。包括的にとらえるのが堀口流である。だからこそ、彼にとっては大仙陵古墳のような巨大な構造物も「建築」であり、「庭園」だった。

堀口が逝去して、すでに四〇年近くが経った。その間の研究の進展によって、彼の論文の中には修正を必要とするものがあるだろう。しかし、独特のモノの見方や、鋭い感性と幅広い知識を融合して提示された堀口の世界の見事さや面白さは、時代を経ても色褪せることはない。

(ふじおかひろやす・東京工業大学名誉教授)

堀口捨己建築論集《ほりぐちすてみけんちくろんしゅう》

2023年3月15日　第1刷発行

編　者　藤岡洋保《ふじおかひろやす》

発行者　坂本政謙

発行所　株式会社　岩波書店
〒101-8002 東京都千代田区一ツ橋 2-5-5
案内 03-5210-4000　営業部 03-5210-4111
文庫編集部 03-5210-4051
https://www.iwanami.co.jp/

印刷・理想社　カバー・精興社　製本・中永製本

ISBN 978-4-00-335871-9　　Printed in Japan

読書子に寄す

——岩波文庫発刊に際して——

岩波茂雄

真理は万人によって求められることを自ら欲し、芸術は万人によって愛されることを自ら望む。かつては民を愚昧ならしめるために学芸が最も狭き堂宇に閉鎖されたことがあった。今や知識と美とを特権階級の独占より奪い返すことはつねに進取的なる民衆の切実なる要求である。岩波文庫はこの要求に応じそれに励まされて生まれた。それは生命ある不朽の書を少数者の書斎と研究室とより解放して街頭にくまなく立たしめ民衆に伍せしめるであろう。近時大量生産予約出版の流行を見る。その広告宣伝の狂態はしばらくおくも、後代にのこすと誇称する全集がその編集に万全の用意をなしたるか。千古の典籍の翻訳企図に敬虔の態度を欠かざりしか。さらに分売を許さず読者を繫縛して数十冊を強うるがごとき、はたしてその揚言する学芸解放のゆえんなりや。吾人は天下の名士の声に和してこれを推挙するに躊躇するものである。このときにあたって、岩波書店は自己の責務のいよいよ重大なるを思い、従来の方針の徹底を期するため、すでに十数年以前より志して来た計画を慎重審議この際断然実行することにした。吾人は範をかのレクラム文庫にとり、古今東西にわたって文芸・哲学・社会科学・自然科学等種類のいかんを問わず、いやしくも万人の必読すべき真に古典的価値ある書をきわめて簡易なる形式において逐次刊行し、あらゆる人間に須要なる生活向上の資料、生活批判の原理を提供せんと欲する。この文庫は予約出版の方法を排したるがゆえに、読者は自己の欲する時に自己の欲する書物を各個に自由に選択することができる。携帯に便にして価格の低きを最主とするがゆえに、外観を顧みざるも内容に至っては厳選最も力を尽くし、従来の岩波出版物の特色をますます発揮せしめようとする。この計画たるや世間の一時の投機的なるものと異なり、永遠の事業として吾人は微力を傾倒し、あらゆる犠牲を忍んで今後永久に継続発展せしめ、もって文庫の使命を遺憾なく果たさしめることを期する。芸術を愛し知識を求むる士の自ら進んでこの挙に参加し、希望と忠言とを寄せられることは吾人の熱望するところである。その性質上経済的には最も困難多きこの事業にあえて当たらんとする吾人の志を諒として、その達成のため世の読書子とのうるわしき共同を期待する。

昭和二年七月